ERSTE AUSGABE - Veröffentlicht 2022

Extra Grafikmaterial von: www.freepik.com
Dank an: Alekksall, Starline, Pch.vector, Rawpixel.com, Vectorpocket, Dgim-studio, Upklyak, Macrovector, Stockgiu, Pikisuperstar & Freepik.com Designers

Kostenlose Online-Spiele Entdecken

Hier Erhältlich:

BestActivityBooks.com/FREEGAMES

5 TIPPS FÜR DEN ANFANG!

1) LÖSUNG DER RÄTSEL

Die Puzzles haben ein klassisches Format :

- Die Wörter sind ohne Abstand, Bindetrich usw… versteckt
- Richtung : vor-& rückwärts, auf & ab oder in der Diagonale (beider Richtungen)
- Die Wörter können übereinanderliegen oder sich kreuzen

2) AKTIVES LERNEN

Neben jedem Wort ist ein Abstand vorgesehen zum Aufschreiben der Übersetzung. Um ihre Kenntnisse zu überprüfen und zu erweitern befindet sich am Ende des Buches ein **WÖRTERBUCH**. Suchen sie die Übersetzungen, schreiben sie sie auf, dann können sie sie in den. Puzzles suchen und ihrem Wortschatz hinzufügen.

3) ANZEICHNUNG DER WÖRTER

Haben sie schon einmal versucht eine Anzeichnung zu verwenden? Sie könnten zum Beispiel die Wörter, die schwer zu finden sind, ankreuzen, die Wörter, die sie lieben, mit einem Stern, neue Wörter mit einem Dreieck, seltene Wörter mit einem Diamant usw … anzeichnen

4) IHR LERNEN ORGANISIEREN

Am Ende dieser Ausgabe bieten wir auch ein praktisches **NOTIZBUCH** an. Ob im Urlaub, auf Reisen oder zu Hause, sie können ihr neues Wissen ganz einfach organisieren, ohne ein zweites Notizbuch zu benötigen!

5) SIND SIE AM SCHLUSS ?

Gehen sie zum Bonusbereich : **MONSTER-HERAUSFÖRDERUNG,** um ein kostenloses Spiel zu finden, das am Ende dieser Ausgabe angeboten wird !

Lust auf mehr Spaß und **Lernaktivitäten**? **Schnell und einfach :** eine ganze Spielbuchsammlung mit einem einzigen Klick erhaltbar :

Mit diesem Link finden sie ihre nächste Herausforderung :

BestActivityBooks.com/MeineNachsteWortsuche

Achtung, fertig, ... Los !!

Wussten sie, dass es auf der Welt ungefähr 7.000 verschiedene Sprachen gibt ? Wörter sind kostbar.

Wie lieben Sprachen und haben schwer daran gearbeitet, die Bücher von höchster Qualität für sie zu entwerfen. Unsere Zutaten ?

Eine Auswahl von angepassten Lernthemen, drei große Scheiben Spaß, dann fügen wir einen Löffel schwieriger Wörter und eine Prise seltener Wörter hinzu. Wir servieren sie mit Sorgfalt und ein Maximum an Freude, damit sie die besten Wortspiele lösen und Spaß am Lernen haben.

Ihre Meinung ist wichtig. Sie können aktiv zum Erfolg dieses Buches beitragen, indem sie uns eine Bemerkung hinterlassen. Sagen sie uns, was ihnen an dieser Ausgabe am besten gefallen hat !!

Hier ist ein kurzer Link, der sie zu ihrer Bewertungsseite führt

BestBooksActivity.com/Rezension50

Vielen Dank für ihre Hilfe und viel Spaß

Linguas Classics

1 - Gesundheit und Wellness #2

```
A  P  D  C  O  B  H  J  X  G  S  T  W  R  P  D
N  X  I  I  A  C  L  S  Z  T  S  A  O  U  O  O
A  X  È  L  D  L  G  S  L  N  K  P  N  B  I  R
T  N  T  P  S  I  O  E  B  O  A  C  O  G  D  M
O  S  E  U  Q  S  I  R  V  F  T  E  Y  R  S  I
M  V  Z  B  H  T  T  T  I  T  É  P  P  A  T  R
I  A  L  Q  T  E  G  S  I  E  L  V  G  Y  Q  S
E  H  E  G  É  N  É  T  I  Q  U  E  M  E  P  Y
S  A  I  N  O  I  T  C  E  F  N  I  O  W  U  Z
L  I  D  W  Z  M  B  W  N  F  Z  R  V  P  E  Y
B  L  A  L  H  A  J  S  È  J  W  H  G  L  I  L
M  R  L  D  W  T  E  P  I  M  A  S  S  A  G  E
U  B  A  Z  S  I  E  I  G  R  E  L  L  A  R  Y
Y  L  M  W  B  V  G  K  Y  K  K  I  S  R  E  N
I  Z  F  I  U  E  U  C  H  H  F  G  K  R  N  T
H  Ô  P  I  T  A  L  U  G  X  G  V  Z  U  É  M
```

ALLERGIE	INFECTION
ANATOMIE	CALORIE
APPÉTIT	HÔPITAL
SANG	MALADIE
DIÈTE	MASSAGE
ÉNERGIE	RISQUES
GÉNÉTIQUE	DORMIR
SAIN	SPORTS
POIDS	STRESS
HYGIÈNE	VITAMINE

2 - Ozean

```
M É D U S E É S G S H P A M G H
M F M M Z V P O C R K U O Y E K
L K U P V S O G H J K E Î X B S
T O R T U E N O S S I O P T A E
T H O N S É G N Z D F I C É R L
H M N P B R E T T E V E R C C E
C G K A C A E B N B U L I W N T
W N Q T X M A Q P Q A Q R O V Ê
A N G U I L L E U N A L S T E P
M K P V P F M D C I H W E U E M
E A O Q E T L Q E H N A U I A E
V S U X A J T B P P Z W G W N T
F R L V Q N I R T U K I A T J E
D T P Y W H C O R A I L V U O B
Z E E M Z I O H Y D X R I A U L
M W X B A T E A U V J I Y R G U
```

ANGUILLE   POULPE
HUÎTRE   MÉDUSE
BATEAU   RÉCIF
DAUPHIN   SEL
POISSON   TORTUE
CREVETTE   ÉPONGE
MARÉES   TEMPÊTE
REQUIN   THON
CORAIL   BALEINE
CRABE   VAGUES

3 - Krankheit

```
B I E N Ê T R E N O C D T E Q N
W X Z R S A N T É N O W W R S I
C O N T A G I E U X R Q A X Q Y
A B D O M I N A L F P I V V L X
E S Y N D R O M E B S U N I S O
I M M U N I T É U L O O X S R F
P V H H N L E U Q I N O R H C A
A Q U R R S Z O I S I C Œ U R I
R T B A E R I A T I D É R É H B
É R U U H S P F É Q M B Y K N L
H W O D Z N M V N E J N O F D E
T Q X L O E Q Z É E R J X S I C
Z D Y H Z G X S G Y L L P D D D
A L L E R G I E S K T D Z P G S
R E S P I R A T O I R E P V U W
X T B A C T É R I E N Q V C G V
```

ABDOMINAL
ALLERGIES
CONTAGIEUX
RESPIRATOIRE
BACTÉRIEN
CHRONIQUE
HÉRÉDITAIRE
GÉNÉTIQUE
SANTÉ

CŒUR
IMMUNITÉ
OS
CORPS
FAIBLE
SINUS
SYNDROME
THÉRAPIE
BIEN-ÊTRE

4 - Meditation

```
E D U T I T A R G J V C N L O D
M N P E R S P E C T I V E H U O
N E S E É S N E P F D Z T U A C
S A N E X C O M P A S S I O N L
U C I T I M U S I Q U E N Q U A
A C J R A G A T T E N T I O N R
P E Q N P L N N A T U R E G O T
P P V V Y R U E H N O B U D F É
R T S U Y Z O N M E S P R I T N
E A W I E M M E X E C Y K V D I
N T K O L F G P M V N M R C G K
D I J D W E W B V Z R T I A C N
R O G N E B N H K K F D S L W D
E N D K G A C C S V G O M M E Q
U É V E I L L É E F L X R E V V
L P Z U X M O U V E M E N T C S
```

ACCEPTATION
ATTENTION
MOUVEMENT
GRATITUDE
PAIX
PENSÉES
MENTAL
BONHEUR
CLARTÉ
ENSEIGNEMENTS

APPRENDRE
COMPASSION
MUSIQUE
NATURE
PERSPECTIVE
CALME
SILENCE
ESPRIT
ÉVEILLÉ

5 - Archäologie

```
J  L  E  Z  Y  U  O  C  K  V  P  P  P  U  B  O
V  U  N  C  Z  E  I  B  C  O  R  O  R  T  R  B
C  E  O  H  N  J  J  R  J  C  X  N  O  A  R  É
M  J  I  E  P  I  U  Q  É  E  X  Y  F  G  O  V
H  I  T  R  E  P  X  E  I  A  T  T  E  W  A  A
V  Z  A  C  K  B  J  L  G  T  O  S  S  Q  N  L
H  N  S  H  Y  F  F  Q  A  U  M  N  S  G  T  U
O  S  I  E  L  P  M  E  T  N  X  K  E  F  I  A
K  J  L  U  O  J  E  U  V  N  C  W  U  E  Q  T
R  Y  I  R  B  U  Z  Q  E  O  A  I  R  I  U  I
H  S  V  Q  P  B  B  I  W  C  N  H  E  W  I  O
G  Q  I  Y  W  Y  S  L  Y  N  A  J  N  N  T  N
K  F  C  P  G  M  D  E  I  I  L  V  E  È  É  Z
G  Q  R  A  N  J  P  R  N  É  Y  R  N  R  N  A
M  Y  S  T  È  R  E  L  I  S  S  O  F  E  M  M
D  E  S  C  E  N  D  A  N  T  E  T  O  M  B  E
```

ANALYSE	ÉQUIPE
ANTIQUITÉ	DESCENDANT
ÉVALUATION	OBJETS
ÈRE	PROFESSEUR
EXPERT	RELIQUE
CHERCHEUR	TEMPLE
FOSSILE	INCONNU
MYSTÈRE	ANCIEN
TOMBE	OUBLIÉ
OS	CIVILISATION

6 - Gesundheit und Wellness #1

```
K K L E J U T T N O Q P G E Y T
M É D E C I N H H E X E L F É R
C U S D S O V S É O R A D M K A
V R U E T U A H U R A U I N U I
O E R Z J H W K Q O A C G Z Q T
S L I E I C A M R A H P T F W E
Z A V K Y Y I B P P W B I I K M
B X T N E M A C I D É M F E F E
A A M É D I C A L T V S F R E N
C T I I S E G F S L U K K U X T
T I A O D J Q E S D R D E T C G
É O F E I J Y J C Y S C E C V V
R N B C F B N X U G M L P A V E
I B I S T T R R N U Y B R G H
E C L I N I Q U E O O X B F C R
S G B L E S S U R E P X O C D T
```

ACTIF	FAIM
PHARMACIE	CLINIQUE
MÉDECIN	OS
BACTÉRIES	MÉDICAMENT
TRAITEMENT	MÉDICAL
RELAXATION	NERFS
FRACTURE	RÉFLEXE
HABITUDE	THÉRAPIE
PEAU	BLESSURE
HAUTEUR	VIRUS

7 - Obst

```
A L M V V W X X U B T E R Û M A
T C E I A B I X W U A G E G Z N
N H L F J W U C Z Y C N I P Z O
X V O E R P O M M E O A A B F I
C Y N J E A Q M Y N V R P N A X
A N A N A S M I K O A O R I E D
P A P A Y E U B T R C T U S R E
G Z D P C I Q N O T R P N I I C
P Ê C H E C M O C I E Z E A O O
C E R I S E Y P I C S U Q R P C
R J H W J E R R R Y J E U K K O
D G M N T Z C I B C I I S V F F
I Z B K N N Z I A P Y W A C I O
A Z C B I N E C T A R I N E U F
X F E G G W N D U X N J T M T Y
Z M C U X P I R J N C D R O C C
```

ANANAS
POMME
ABRICOT
AVOCAT
BANANE
BAIE
POIRE
MÛRE
FRAMBOISE
CERISE

KIWI
NOIX DE COCO
MELON
NECTARINE
ORANGE
PAPAYE
PÊCHE
PRUNE
RAISIN
CITRON

8 - Universum

```
O B E B I É A T M O S P H È R E
B C P E D Ï O R É T S A L G R T
S G O A O N L N O Z I R O H T I
C A C S H É M I S P H È R E G B
U L S V M Y D L A T I T U D E R
R A E L B I S I V A L H U G J O
I X L T S J Q Z O D I A Q U E A
T I É B Q L R U E T A U Q É L S
É E T S V M A A E N O X M Y R T
H N R M O Z Q C I E L V O S U R
D U B R I L L O N G I T U D E O
X L P E C Y S Y M C D J J J R N
L T R E L C I T S W H B D E U O
N Y O J C L E P I V S Y N G L M
U R L U S U O Y C C X E Z Q Q I
A S T R O N O M E X E U C M P E
```

ASTÉROÏDE
ASTRONOME
ASTRONOMIE
ATMOSPHÈRE
ÉON
ÉQUATEUR
LATITUDE
OBSCURITÉ
GALAXIE
HÉMISPHÈRE

CIEL
HORIZON
COSMIQUE
LONGITUDE
LUNE
ORBITE
VISIBLE
SOLSTICE
TÉLESCOPE
ZODIAQUE

9 - Camping

```
H J W P R Y V D N T G H E Q F A
T A G X Y V O G I F F C V Q O M
M P M U V G T Q X T E N U L R U
C C E A R L E L O S S U O B Ê S
K G X M C C H A P E A U K B T E
B E G I O Z M V K N L W G P C M
X N P N J P S A R I L E I M B E
J G Q A P L A C Ë O N A C M A N
C A R T E C A B I N E S X B E T
E T N E T H J E D R O C E R R F
F N P R W T G R P X N G S C U A
Y O M D Y E X U L H F V S P T U
U M M U L A N T E R N E A O N E
E M X U M K H A Y W T A H U E D
F J Z X G R R N U I B J C K V Q
S L T H C X K P T W B U X V A H
```

AVENTURE
MONTAGNE
FEU
HAMAC
CHAPEAU
INSECTE
CHASSE
CABINE
CANOË
CARTE

BOUSSOLE
LANTERNE
LUNE
NATURE
LAC
CORDE
AMUSEMENT
ANIMAUX
FORÊT
TENTE

10 - Zeit

```
O M E E J D É C E N N I E M N D
A P H L O G S C U Q E D S A E I
A A K E U W D A I S K I S I O M
B V N U R N Z L B L M M A N B Z
W T A N E F D T K R D E P T B D
R H U N É G H J C D R L R E Z X
B O C A T E N I A M E S G N S H
I J W L R H W K L M J H E A W X
Z Y W Y Q E G S E D A F L N V Y
G I K T I U N E N P I T C T V K
N L X S È R P A D H J D I U S T
R Q K O Y E O R R R X T I N I N
E N W U C O D Y I U N O B P È O
H O R L O G E P E T U N I M C R
L X M B I U H D R U O J U A L C
Z X V H V A F H O F H I E R E E
```

HIER	MOIS
AUJOURD'HUI	MATIN
ANNÉE	APRÈS
SIÈCLE	NUIT
DÉCENNIE	HEURE
ANNUEL	JOUR
MAINTENANT	HORLOGE
CALENDRIER	AVANT
MINUTE	SEMAINE
MIDI	FUTUR

11 - Säugetiere

```
P N F H C P T G T O N W L R J A
A U R Y H M T A J S C W R A C B
N R F Y E N N D U Q E O T T O O
T H X I V R X N O R S Q F V Q D
H R S I A J S D R N E M N N M U
È K T X L A T V U E Q A N W H F
R E H N L O U P O M T D U K F E
E G I R A F E L G G O R I L L E
N N Q B P H E P N O T U O M T R
T I G R E C P B A L E I N E L G
C S R U O H P É K M C B L I O N
W A E G W I N A L V O V P S H S
X K S B R E A I H É Y T T Q Z S
Z J D T C N S P Z K O T J F I N
H U F Q O Z R N K T T Z È B R E U
U B O W D R A N E R E L V U T Y
```

SINGE
OURS
CASTOR
ÉLÉPHANT
RENARD
GIRAFE
GORILLE
CHIEN
KANGOUROU
COYOTE

LION
PANTHÈRE
CHEVAL
RAT
MOUTON
TAUREAU
TIGRE
BALEINE
LOUP
ZÈBRE

12 - Algebra

```
Z P X Z S B S I N F I N I Z C F
D É E K M R R N O I T A U Q É R
Z E R J Q V N E I P K M Q N G A
V U U O O N K R T H D T T O Y C
L I N É A I R E C U F N J M Q T
S O M M E E L B A I R A V B U I
M A T R I C E W R D U S A R A O
X A X I H H K B T I E O P E N N
S O L U T I O N S A T P R L T L
R É S O U D R E U G C X O U I Y
F X H L W O V L O R A E B M T M
U A O K G H A X S A F E L R É L
D V U Y O H G S O M K A È O D Y
D K D X H D Z S L M D B M F K V
T U Y N Y T X D V E K D E J M H
S I M P L I F I E R D B O Q D K
```

FRACTION
DIAGRAMME
EXPOSANT
FACTEUR
FAUX
FORMULE
ÉQUATION
LINÉAIRE
RÉSOUDRE
SOLUTION

MATRICE
QUANTITÉ
ZÉRO
NOMBRE
PROBLÈME
SOUSTRACTION
SOMME
INFINI
VARIABLE
SIMPLIFIER

13 - Diplomatie

```
V C P O L I T I Q U E I I S A R
Y D I Q C C L A N G U E S O M E
E I A T A O I V U B D U U L B W
C S M I O C M C C R G Q É U A G
O C B L H Y D M Z D S I T T S O
N U A F K U E J U A C H I I S U
S S S N Z K M N A N A T R O A V
E S S O J P S A S É A É G N D E
I I A C Y Q G J N T N U É W E R
L O D T R A I T É I T V T Y U N
L N E D R E G N A R T É N É R E
E C I T S U J N I U N A I Z S M
R D U G F X C E P C M M I E B E
O H K U V I M B S É N M V R J N
V X Y N F X V T G S D I L Y E T
R R M D I P L O M A T I Q U E E
```

ÉTRANGER
CONSEILLER
AMBASSADE
AMBASSADEUR
CITOYENS
DIPLOMATIQUE
DISCUSSION
ÉTHIQUE
COMMUNAUTÉ
JUSTICE

HUMANITAIRE
INTÉGRITÉ
CONFLIT
SOLUTION
POLITIQUE
GOUVERNEMENT
SÉCURITÉ
LANGUES
TRAITÉ

14 - Astronomie

```
F D E R B A J E C D E W Z E A Z
S U P E R N O V A I J N S R S V
Z A U A O T O T Z Q E T K I T H
T N Z O D I A Q U E H L N O É L
C O M È T E P O C S E L É T R U
H I É Q A G T T E R R E B A O N
A T T V S E J I D Z X Q M V Ï E
S A O E T È N A L P Y U Z R D N
T L I U R G E F K L F N U E E É
R L L N O J X C U I E B V S Q B
O E E I N Z R T F L C T H B W U
N T B V A A G E U O O G A O L L
O S P E U L B W S G O W Y S W E
M N A R T Z T I É C O S M O S U
E O Q S E N B M E T A M U S M S
G C I M É T É O R E G I F F V E
```

ASTÉROÏDE	NÉBULEUSE
ASTRONAUTE	OBSERVATOIRE
ASTRONOME	PLANÈTE
TERRE	FUSÉE
CIEL	SATELLITE
COMÈTE	ÉTOILE
CONSTELLATION	SUPERNOVA
COSMOS	TÉLESCOPE
MÉTÉORE	ZODIAQUE
LUNE	UNIVERS

15 - Ballett

```
C H O R É G R A P H I E I R B P
O R C H E S T R E E J O N É K U
T E C H N I Q U E Z F C T P E B
F M X T Q K D L A F P O E É X L
I J H X H K E L Y T S C N T P I
Z Q I V D I U E R U B N S I R C
B S J B S X Q C H Y A Z I T E C
B A L L E R I N E C T N T I S R
Q X V Z L M T E J A G H É O S P
G U V N C U S T C E A D M N I U
S E G R S S I É F O O S B E F C
H I S O U I T P P R A T I Q U E
V C G T M Q R M V J U S P U I A
X A C F E U A O L O S D M T J W
Z R W J K E G C D A N S E U R S
V G C O M P O S I T E U R L Y K
```

GRACIEUX
EXPRESSIF
BALLERINE
CHORÉGRAPHIE
COMPÉTENCE
GESTE
INTENSITÉ
COMPOSITEUR
ARTISTIQUE
MUSIQUE

MUSCLES
ORCHESTRE
PRATIQUE
RÉPÉTITION
PUBLIC
RYTHME
SOLO
STYLE
DANSEURS
TECHNIQUE

16 - Geologie

```
Z C Z S X B O N E G G A Q R U S
X A A L T N E N I T N O C V K U
N Z R V B A C Y C L E S C D E X
B E D A E O L I A R O C P Y B X
K S L C H R Z A R U Y M L Q E Z
S E H I W S N S G R W Q L Q K S
Y M E D C E E E F M M Z B A L G
R R G E A Y N L M B I C N U A F
W P U Y L V O L C A N T W Z V O
S F D B C N Z T R A U Q E R E L
W X N O I S O R É O P X L S R M
H Y O X U A R É N I M Z I I R Z
J T F J M G E Y S E R L S K E P
P L A T E A U Y J H R N S S I E
S T A L A C T I T E J L O L P J
C I A K N D O I F W G J F Y W Y
```

ÉROSION	PLATEAU
FOSSILE	QUARTZ
FONDU	SEL
GEYSER	ACIDE
CAVERNE	STALAGMITES
CALCIUM	STALACTITE
CONTINENT	PIERRE
CORAIL	VOLCAN
LAVE	ZONE
MINÉRAUX	CYCLES

17 - Wissenschaft

```
L A B O R A T O I R E V X B A C
M I N É R A U X W N K G Z Q A H
E H Q O M F F E N Y O H J J K I
G C N I B M O M V A D Y O Q B M
P I F N U Y S S Z O T I A F A I
H A R O E M S I S K R U G S T Q
L W R I U Y T N D I H R R M O U
U K K T Q S T A M I L C O E M E
M I I U I C Y G H Z H E Z W E D
U U P L S C Z R D O N N É E S O
L O Q O Y I U O B X T R H W U H
C K O V H T A L V Y J W T Y L T
R P S É P D P V E G R A V I T É
M O L É C U L E S S W R K B U M
E X P É R I E N C E D K Z C S U
P L A N T E S H Y P O T H È S E
```

ATOME
CHIMIQUE
DONNÉES
ÉVOLUTION
EXPÉRIENCE
FOSSILE
HYPOTHÈSE
CLIMAT
LABORATOIRE
MÉTHODE

MINÉRAUX
MOLÉCULES
NATURE
ORGANISME
PARTICULES
PLANTES
PHYSIQUE
GRAVITÉ
FAIT

18 - Bildende Kunst

```
C P E I N T U R E L F S C H C O
E R Q A S T J R S J I C H J I Z
E R A P O C H O I R L U A L B U
U N Q Y C P S W N U M L R N S K
A V F T O H L S R M Q P B X U C
K R S A L N E V E C A T O M Y I
X N F Y Y V V V F U U N G U R E
E O V W T Y T I A R T R O P J E
N Q K F S J U I Y L S E V H S Y
C R É A T I V I T É E L I G R A
A R T I S T E O O W E T H U F C
C C É R A M I Q U E N L Z N V Y
O R C H E F D Œ U V R E B H W R
V L A A R C H I T E C T U R E U
S N E I H P A R G O T O H P D I
J V Z N E V I T C E P S R E P A
```

ARCHITECTURE	VERNIS
CRAYON	CHEF-D'ŒUVRE
FILM	PERSPECTIVE
PHOTOGRAPHIE	PORTRAIT
PEINTURE	POCHOIR
CHARBON	SCULPTURE
CÉRAMIQUE	CHEVALET
CRÉATIVITÉ	STYLO
CRAIE	ARGILE
ARTISTE	CIRE

19 - Sport

```
Y C V L G O J O G G I N G C J X
C Y C L I S M E A Z F O R C E J
S A N T É P R Z M T S S H R C N
M W Z R M B R N S L H E H I O U
O É T Q Q O B O J Q F L L O R T
B T T Q P J J D G O E C È D P R
J I L A K Y W Q K R D S M T S I
E C G A B H G I A E A U Q Q E T
C A Z F P O U P K C A M D Z J I
T P I K T L L F A N S P M W L O
I A E S E T È I D A N S E E A N
F C N A G E R M Q R K T N A Q R
M A X I M I S E R U D R Q Y J F
H Z M O X I W K I D E O R C T E
S T C S D L N R M N N P J F R V
R U E N Î A R T N E Z S L O G C
```

ATHLÈTE
ENDURANCE
DIÈTE
NUTRITION
CAPACITÉ
SANTÉ
JOGGING
OS
CORPS
MAXIMISER

MÉTABOLIQUE
MUSCLES
PROGRAMME
CYCLISME
NAGER
SPORTS
FORCE
DANSE
ENTRAÎNEUR
OBJECTIF

20 - Mythologie

```
C D K Z Z Q N F S H R F F W P S
A R A X P H O O V Z P Z F O Q J
Y I É B S A I R G U E R R I E R
K A I A M L T C A E R T S N O M
R L M V T M A E G H L H M X T F
H C M E W U É B H P L É O J O N
L É O N W X R J Y O C R R H N H
J C R G A Z C E V R H O T G N U
A I T E R C V D N T I S E F E M
L E A A F L X N P S C N L X R A
O L L N K O R E Z A J W T U R G
U P I C O M M G J T L X O H E I
S T T E J M R É N A H A M V E Q
I N É E R U T L U C E L W N S U
E B U A R C H É T Y P E H W S E
C O M P O R T E M E N T O J U E
```

ARCHÉTYPE
ÉCLAIR
TONNERRE
JALOUSIE
HÉROS
CIEL
CATASTROPHE
CRÉATION
CRÉATURE
GUERRIER

CULTURE
LABYRINTHE
LÉGENDE
MAGIQUE
MONSTRE
VENGEANCE
FORCE
MORTEL
IMMORTALITÉ
COMPORTEMENT

21 - Restaurant #2

```
S  P  G  Z  W  M  P  N  Y  Z  M  U  A  D  S  F
G  U  N  U  V  G  C  O  T  U  R  J  F  D  E  O
D  G  L  A  C  E  H  S  I  S  E  X  E  E  W  U
C  X  B  E  T  R  A  S  U  S  E  H  O  S  E  R
E  J  T  T  A  È  I  I  R  W  S  W  W  O  N  C
A  K  P  Â  S  L  S  O  F  E  W  O  A  U  O  H
U  T  T  G  C  L  E  B  L  M  Y  S  N  P  U  E
C  D  I  L  N  I  I  Y  U  T  I  K  M  E  I  T
Y  E  S  I  X  U  E  I  C  I  L  É  D  É  L  T
U  G  U  D  L  C  S  A  L  A  D  E  S  P  L  E
D  Î  N  E  R  E  N  U  E  J  É  D  S  I  E  D
A  S  E  R  V  E  U  R  B  E  E  D  W  C  S  T
A  P  É  R  I  T  I  F  F  H  X  V  Q  E  G  X
Y  K  L  É  G  U  M  E  S  F  B  I  I  S  K  Q
U  B  J  W  R  K  H  D  B  Z  Z  W  B  T  S  Y
I  U  W  L  J  A  K  V  J  D  Z  C  A  N  C  B
```

DÎNER
GLACE
POISSON
FRUIT
FOURCHETTE
LÉGUMES
BOISSON
ÉPICES
SERVEUR
DÉLICIEUX

GÂTEAU
CUILLÈRE
DÉJEUNER
NOUILLES
SALADE
SEL
CHAISE
SOUPE
APÉRITIF
EAU

22 - Ökologie

```
D I V E R S I T É A W I W N R M
A C R S S L V Q Q X I A G A E O
L I S E T N A L P N P D K T S N
A T É V É G É T A T I O N U S T
N A T U R E O M P B W K I R O A
P T U Z I K B X A G G P R E U G
S I A M J Q F B G R R Z A L R N
T B N F A U N E L E A Z M S C E
M A U X J H N Q O S N I I Q E S
X H M R O Y D V B S X H S W S M
L R M I R J Q G A Q T Z B C C J
Q R O T L V F U L E S P È C E T
I R C X G C E L B A R U D U X N
R O J F X N Z H O B V N O D S K
B É N É V O L E S R E T F S U K
S É C H E R E S S E E I V R U S
```

ESPÈCE   MARIN
MONTAGNES   DURABLE
SÉCHERESSE   NATURE
FAUNE   NATUREL
FLORE   PLANTES
BÉNÉVOLES   RESSOURCES
COMMUNAUTÉS   MARAIS
GLOBAL   SURVIE
CLIMAT   VÉGÉTATION
HABITAT   DIVERSITÉ

23 - Schokolade

```
R D T V N M Y A Z H K A O F X Y
N F L F S E I R O L A C N J L D
I L R J J Z E T S I W J H A H A
R E C E T T E I V N E F D K Y J
O M R E M A N S D O U X É X D Y
V A U C O V O A K S Y G L Q L A
A R E G U Z I N E A Q J I W C N
F A V H Q S X A X N O A C A C T
P C A P J P D L O V L L I F H I
U O S U L M E B T B W X E G N O
S K U R J K C U I E D D U O R X
R N G D Z O O Q Q R E J X O A Y
X O U O R W C B U U Q Z C L N D
X M M Q T E O H E M Ô R A O J A
Q U A L I T É J J D F C D P R N
C A C A H U È T E S C Q I W M T
```

ANTIOXYDANT
ARÔME
AMER
CACAHUÈTES
EXOTIQUE
FAVORI
SAVEUR
ARTISANAL
CACAO
CALORIES

CARAMEL
NOIX DE COCO
DÉLICIEUX
POUDRE
QUALITÉ
RECETTE
DOUX
ENVIE
SUCRE

24 - Boote

```
N D K V E I G Y W A D N R M U V
A M D V R W L A A Ë O N A C A L
U G D Y W J R C O O C L C R L U
T I D M A K W H T T K A Y A K I
I N K Â D G S T W V P U V F Z R
Q G N T A F L E U V E M X G R O
U P Y J L A B D U W S F D R A R
E D B Y A S I R E G D G P T D Z
M V B S C N J O O X A Q L B E J
O S Z R J M W C I C H V B L A D
T V O I L I E R C Z É F P H U L
E B Z X W A N E D Z Q A U F J B
U C B D N V N M P O T X N U D V
R F O P D Q L C É Q U I P A G E
B O U É E V A Z R M A R I N B H
V J F E R R Y D D E T B F J C X
```

ANCRE
BOUÉE
ÉQUIPAGE
DOCK
FERRY
RADEAU
FLEUVE
KAYAK
CANOË
MÂT

MER
MOTEUR
NAUTIQUE
OCÉAN
LAC
MARIN
VOILIER
CORDE
VAGUES
YACHT

25 - Stadt

```
S X O H V W Y V J M V S J T P Y
Q T M O Ô B A U E S J U Y H H G
Q O A B C T O C X H P P G É A L
I Z X D E S E L T R P E A Â R S
V A L J E S X L Y H S R É T M P
B O U L A N G E R I E M R R A H
Q É U I L Y G L V A D A O E C B
C T N A R U A T S E R R P F I M
C I N É M A M U S É E C O L E L
B S G H D P Z A G E I H R E U L
V R É C O L E O F P R É T U Q F
D E I R I A R B I L E G W R I T
O V G A Z T B S Z V L D Q I N N
M I P M S O E U Q N A B F S I U
S N I U B C O L M B G N X T L D
E U Q È H T O I L B I B S E C R
```

PHARMACIE   CLINIQUE
BANQUE   MARCHÉ
BOULANGERIE   MUSÉE
BIBLIOTHÈQUE   RESTAURANT
FLEURISTE   ÉCOLE
LIBRAIRIE   STADE
AÉROPORT   SUPERMARCHÉ
GALERIE   THÉÂTRE
HÔTEL   UNIVERSITÉ
CINÉMA   ZOO

26 - Aktivitäten

```
P C Y Q Z L Q O L T O C I R T R
L A K N Z K V J T Y I H P F C E
A M A R T I S A N A T A H S F L
I P F Y B H D B J S S O X I A
S I G J C O U T U R E S T Y M X
I N V M E V I R N H I E O O H A
R G D I W U B A U A G U G R R T
C G C D N R X A H I A Q R A G I
J A R D I N A G E H M I A N V O
O B B F F L O I S I R M P D P N
B D P E I N T U R E F A H O L D
N A G M D R B W F P N R I N S G
T N L E C T U R E Ê R É E N Y Z
Z S T V K H T M U C S C A É N N
K E I P D C D M A H N I Q E A Q
F A C T I V I T É E L R X F Y O
```

ACTIVITÉ
PÊCHE
CAMPING
RELAXATION
PHOTOGRAPHIE
LOISIR
JARDINAGE
PEINTURE
CHASSE
CÉRAMIQUE

ART
ARTISANAT
LECTURE
MAGIE
COUTURE
JEUX
TRICOT
DANSE
PLAISIR
RANDONNÉE

27 - Bienen

```
D Q V Q F M K V F I X L G S P J
I F M B T N C Q L Y Q Z A L O S
V N J L D U G B E S I M H E L R
E T C E S N I É U P E F A I L M
R H O É Q W D N R L R L B Z I H
S O C M H H W É S A I E I T N K
I L V U D E A F T N C U T A I A
T X Y F R M J I K T P R A T S U
É H F H M È A Q M E O W T O A B
V F R U I T R U V S L Z H X T E
Z B Z C A S D E Z N L M N K E Z
M I E L S Y I E N K E Q B S U S
N S O Y S S N O C I N Z I C R O
J N M U E O X N Z K E O O O T Z
F D C L U C V B O Z Y R I U G J
G C H C H É S O L E I L A Y Z Q
```

POLLINISATEUR	HABITAT
RUCHE	ÉCOSYSTÈME
FLEURS	PLANTES
FLEUR	POLLEN
AILES	FUMÉE
FRUIT	ESSAIM
JARDIN	SOLEIL
MIEL	DIVERSITÉ
INSECTE	BÉNÉFIQUE
REINE	CIRE

28 - Wissenschaftliche Disziplinen

```
S A M É C A N I Q U E L K É M S
A R C H É O L O G I E I I C I O
C H I M I E C N O Q D N N O N C
B I O L O G I E I F Q G É L É I
C F B R A E W E W W J U S O R O
W I V W H I H I E F Y I I G A L
D U X T F G P M I E N S O I L O
P S Y C H O L O G I E T L E O G
Z U B J A L Z N O M U I O I G I
O Z N H N O V O L I Q Q G G I E
O R H A A R B R O H I U I O E D
L W D N T O C T N C N E E L I M
O A A Y O É R S U O A V U O E A
G A E S M T J A M I T V T É P T
I Y E A I É R R M B O C H G L C
E D N R E M Q W I T B S R T P P
```

ANATOMIE
ARCHÉOLOGIE
ASTRONOMIE
BIOCHIMIE
BIOLOGIE
BOTANIQUE
CHIMIE
GÉOLOGIE
IMMUNOLOGIE

KINÉSIOLOGIE
LINGUISTIQUE
MÉCANIQUE
MÉTÉOROLOGIE
MINÉRALOGIE
ÉCOLOGIE
PSYCHOLOGIE
SOCIOLOGIE
ZOOLOGIE

29 - Vögel

```
M O I N E A U J Y O Y T W M M O
H É R O N T O H C N A M F T L O
L U K Y A Z B A P J Z B P M L O
J I D Y C F I E É F H F T V S H
G D T U U Z H E L G I A E R B D
A W H V O S Z Q I H J P U S P M
I S L F T C W Q C N E P Q L B O
E E K P A O N T A B I M O K G O
D F K S N U V E N G Y C R A R C
T B U D T X T N U A E B R O C O
M O U E T T E G K Y M A E D C L
C O U C O U L O O R T A P B A O
J K L S I G U G P I L P L L N M
F I Y R N W O I M G E I X F A B
P S S C K Y P C Y Z M O X V R E
I X V S A W K C Y J M Q L P D L
```

AIGLE
OEUF
CANARD
HIBOU
FLAMANT
OIE
POULET
CORBEAU
COUCOU
MOUETTE

PERROQUET
PÉLICAN
PAON
MANCHOT
HÉRON
CYGNE
MOINEAU
CIGOGNE
COLOMBE
TOUCAN

30 - Biologie

```
O R N E U R O N E L U L L E C Q
S E N È G A L L O C Y B L N E W
M P B C H Y D F A N A T O M I E
O T P G V E M B R Y O N Z U Q Y
S I I H X W H Y R E N O M R O H
E L F Q O L H S U S N I O N C P
T E N I É T O R P B E T E A H L
S M L P W N O I T A T U M T R A
Q Y X H P D G S G P Y L B U O N
C Z N W R K J W Y B A O O R M T
N N J A W T U L V N H V X E O E
X E B N P X E Y S A T É T L S S
C B K I L S M N O U C H D P O I
I E S W S Z E T Q I T Q È B M R
M A M M I F È R E H P H J S E C
S Y M B I O S E O J H Z Y D E V
```

ANATOMIE
CHROMOSOME
EMBRYON
ENZYME
ÉVOLUTION
HORMONE
COLLAGÈNE
MUTATION
NATUREL
NERF

NEURONE
OSMOSE
PLANTES
PHOTOSYNTHÈSE
PROTÉINE
REPTILE
MAMMIFÈRE
SYMBIOSE
SYNAPSE
CELLULE

31 - Antarktis

```
D D W B M Y E X P É D I T I O N
S P A V É J N A U E U B S C G B
G E R U T A R É P M E T E H M B
Î L L S É G L A C I E R S E E A
Q L A C O M I N É R A U X R A I
Y W E C O Z W G Y Q A H U C U E
I P K S E N F B Q O U N E H S M
X I V T O Z S K G W B J H E E V
R S Y L P L N E F N S J C U F K
E I H A X Q O H R K X D O R M J
M I G R A T I O N V U Q R D V T
R G M C W D E I H P A R G O É G
T O P O G R A P H I E T Y A H S
P É N I N S U L E C S D I H Q Q
F X J G T Q T N E N I T N O C Z
G H C T N E M E N N O R I V N E
```

BAIE
GLACE
CONSERVATION
EXPÉDITION
ROCHEUX
CHERCHEUR
GÉOGRAPHIE
GLACIERS
PÉNINSULE
ÎLES

CONTINENT
MIGRATION
MINÉRAUX
TEMPÉRATURE
TOPOGRAPHIE
ENVIRONNEMENT
OISEAUX
EAU
MÉTÉO

32 - Fahren

```
W Y X F F B W N T V D O P P S T
N M K N R L U H U B G O O M S A
C O E M E B F S N P N C L Y M B
A T M B I D V Y N M J C I M R L
R E X N N T A O E C N E C I L Y
T U Z T S S Y N L V V Y E F J J
E R Y R B É S Y G T F Q B T Q G
V J H O B C R T I E R Z X N T A
I X V P N U X Z P H R A T E A R
T Z G S D R F V J L U G F D X A
E N H N O I M A C T F K G I Q G
S X U A Y T N A R U B R A C C E
S B A R G É V O I T U R E C F K
E I Z T V N O I T N E T T A I C
H E L R Y Y T V O C O H T F P D
A D M O T O A W P V H Q O W S Y
```

VOITURE   CAMION
FREINS   MOTEUR
CARBURANT   MOTO
BUS   POLICE
GARAGE   SÉCURITÉ
GAZ   TRANSPORT
DANGER   TUNNEL
VITESSE   ACCIDENT
CARTE   TRAFIC
LICENCE   ATTENTION

33 - Physik

```
C  M  É  C  A  N  I  Q  U  E  Q  A  R  S  U  P
F  H  V  I  T  E  S  S  E  D  T  T  E  C  N  A
N  C  A  T  O  R  D  Y  B  A  M  O  L  T  I  R
I  W  R  O  D  E  N  S  I  T  É  M  A  X  V  T
A  L  K  S  S  L  V  Q  S  D  I  E  T  O  E  I
K  T  J  N  Z  U  P  X  W  J  D  F  I  V  R  C
L  G  O  A  O  M  A  V  A  R  S  U  V  Y  S  U
E  C  N  E  I  R  É  P  X  E  S  D  I  N  E  L
Y  Z  K  V  F  O  T  S  S  X  O  W  T  U  L  E
G  X  I  I  X  F  A  C  S  X  T  T  É  C  M  R
F  R  É  Q  U  E  N  C  E  L  U  C  É  L  O  M
G  D  S  T  V  X  G  S  M  L  J  Y  S  É  T  M
Z  Z  O  N  O  P  A  Y  V  A  É  M  W  A  E  S
G  X  M  U  T  M  Z  A  A  E  S  G  R  I  U  J
C  H  I  M  I  Q  U  E  C  C  O  S  I  R  R  L
U  A  M  A  G  N  É  T  I  S  M  E  E  E  U  C
```

ATOME   MAGNÉTISME
CHAOS   MASSE
CHIMIQUE   MÉCANIQUE
DENSITÉ   MOLÉCULE
ÉLECTRON   MOTEUR
EXPÉRIENCE   NUCLÉAIRE
FORMULE   PARTICULE
FRÉQUENCE   RELATIVITÉ
GAZ   UNIVERSEL
VITESSE

34 - Bücher

```
C T W C V R H N G R E R A R S H
C Z X R F O E I F Z B I X P O U
L O B U X W U O S X A V N O B M
I J N E W Y Q F I T N E V N I O
T O O T P C I H Y M O G C U Y R
T T I C E I R É S S P I S L V I
É R T E G X O P O È M E R K D S
R A C L A A T H V E B E U E N T
A G E G P P S E R U T N E V A I
I I L P E N I K Z Q B A T T M Q
R Q L Q A T H D K I S M A W Q U
E U O Y S É G J M P C O R J A E
I E C K O Z C M H É H R R Z N C
D U A L I T É R U E T U A E I A
P O É S I E F Q I D A R N L L C
J E D H M T R W Z T A L J N T P
```

AVENTURE
AUTEUR
DUALITÉ
ÉPIQUE
INVENTIF
NARRATEUR
POÈME
HISTOIRE
ÉCRIT
HISTORIQUE

HUMORISTIQUE
COLLECTION
CONTEXTE
LECTEUR
LITTÉRAIRE
POÉSIE
ROMAN
PAGE
SÉRIE
TRAGIQUE

35 - Menschlicher Körper

```
C E R V E A U Q N X M H V Q V D
I R H O T G Q K E S Z Y U N C K
H H A K G K T F Z A O J P P S A
R T X C V V P F U F X T B C U A
K H C E L L I V E H C Ê X J R H
N W K Œ X U E S Q S H T W N O E
O B S Q U G J L A T K E F Y W Q
T R T Z A R A M I G K H N L C Y
N X E M E A M G H I E J Q S P T
E A U I P C B L F O R O P A L B
M F K E L O E Q B D I C F N A R
B M E L I L X M O U O N E G N I
G C O U D E E K U O H C U G G T
T Y J A X T N Z C C C O R N U D
R Y G P M A I N H U Â W O W E S
D Z X É T L D R E H M Y C U B Z
```

JAMBE	MÂCHOIRE
SANG	MENTON
COUDE	GENOU
DOIGT	CHEVILLE
CERVEAU	TÊTE
VISAGE	BOUCHE
COU	NEZ
MAIN	OREILLE
PEAU	ÉPAULE
CŒUR	LANGUE

36 - Agronomie

```
A T E F N P N U É A U G K H Z E
P G A N O E U Q I N A G R O U N
O É R O N U A H Y O E L I U Z G
L C D I W L L M M I D R R I R R
L O U T C N K E S U C G D N A
U L R C R U S S K O T R L I S I
T O A U T U L X O R É O É Y E S
I G B D S N R T M É U I G N I E
O I L O L C G A U A C S U R D M
N E E R M Y G C L R C S M E A È
M P C P J L U D X Y E A E C L T
D X P L A N T E S S X N S B A S
J D R J H U J Q J O Z C K N M Y
A E U Y W O R O H L Z E Y I Z S
E N V I R O N N E M E N T F U L
D B M I M O S C I E N C E L F F
```

SOL
ENGRAIS
ÉNERGIE
ÉROSION
LÉGUMES
MALADIES
AGRICULTURE
RURAL
DURABLE
ORGANIQUE

ÉCOLOGIE
PLANTES
PRODUCTION
ÉTUDE
SYSTÈMES
ENVIRONNEMENT
POLLUTION
CROISSANCE
EAU
SCIENCE

37 - Landschaften

```
F  O  P  H  G  R  V  T  A  G  J  L  K  Y  D  C
G  A  É  B  H  T  G  R  O  V  O  L  C  A  N  A
B  S  N  N  P  F  K  E  U  U  H  S  K  J  E  S
B  I  I  V  V  J  P  S  S  S  N  C  E  D  N  C
L  S  N  U  N  L  G  É  A  V  S  D  K  L  G  A
I  M  S  I  T  R  O  D  W  K  L  Z  R  Y  A  D
H  A  U  E  M  T  Z  D  E  V  E  Q  V  A  T  E
M  S  L  S  W  C  B  K  E  V  U  E  L  F  N  K
V  Q  E  G  A  L  P  Î  F  R  G  M  G  T  O  I
G  V  S  Q  U  K  Y  E  L  R  R  N  U  T  M  Y
K  O  D  W  W  A  T  N  O  E  E  É  L  L  A  V
R  G  W  H  B  F  T  I  G  S  B  W  M  V  R  Y
M  E  R  E  I  C  A  L  G  Y  E  L  W  U  A  Y
W  H  O  Y  B  K  O  L  R  E  C  A  J  J  I  X
D  G  R  O  T  T  E  O  L  G  I  C  H  E  S  J
X  Z  A  S  N  N  C  C  Y  E  M  G  Y  Y  K  H
```

MONTAGNE	MER
ICEBERG	OASIS
FLEUVE	LAC
GEYSER	PLAGE
GLACIER	MARAIS
GOLFE	VALLÉE
PÉNINSULE	TOUNDRA
GROTTE	VOLCAN
COLLINE	CASCADE
ÎLE	DÉSERT

38 - Abenteuer

```
D I F F I C U L T É D C X N U W
I T I N É R A I R E O G R A S A
D A N G E R E U X A H Y O T U E
N O U V E A U S P C S W N U S M
H M H X Z I F A I T X E A R E U
C F O J L I T É J I Q L J E G S
A H T J O I E L T V A A V Q A G
M F A N O I T A N I T S E D Y O
I L Z N É T I N U T R O P P O B
S D H L C A Q Y A É O U M V V E
U T N A N E R P R U S S C R C A
B R A V O U R E N C B D Q É G U
I N H A B I T U E L K U V T S T
E X C U R S I O N N B H N T Y É
P R É P A R A T I O N M Z X U K
N A V I G A T I O N Q W B E U Y
```

ACTIVITÉ   VOYAGES
EXCURSION   ITINÉRAIRE
CHANCE   BEAUTÉ
JOIE   DIFFICULTÉ
AMIS   SÉCURITÉ
DANGEREUX   BRAVOURE
OPPORTUNITÉ   INHABITUEL
NATURE   SURPRENANT
NAVIGATION   PRÉPARATION
NOUVEAU   DESTINATION

39 - Flugzeuge

```
H U D A A I R H É Q U I P A G E
V R V T V Y M U I U E I B R J V
F E T T V E U H U S F L P Q Q X
E U E F Q U N M F B T J J P Y T
R G C P Z X X T D X Z O X B M C
È I N D I M K H U W W Z I R Q H
H V E E T O L I P R L Z R R A É
P A L Q M T J L A Q E A H T E L
S N U K A E Y Y S B A L L O N I
O S B T L U R Q S N K E F W G C
M N R C E R J B A A I I J H I E
T X U Z Y U G Q G X P C C U S S
A P T N O H R Z E T N E C S E D
M É T É O T N A R U B R A C D S
C O N S T R U C T I O N B M Y D
H Y D R O G È N E G Y I S Z B R
```

AVENTURE	CONSTRUCTION
DESCENTE	AIR
ATMOSPHÈRE	MOTEUR
BALLON	NAVIGUER
CARBURANT	PASSAGER
ÉQUIPAGE	PILOTE
DESIGN	HÉLICES
HISTOIRE	TURBULENCE
CIEL	HYDROGÈNE
HAUTEUR	MÉTÉO

40 - Haartypen

```
S C B N S Q N S X H U P T T S S
A N O O K V O Q K Z R L R K V M
I A F U U I I Y L D T N E G R A
N L R Q R C R Q A P Y O S Y U R
S B I S M T L É P A I S S W G R
Z E S X Q K Z E D K T I É O T O
D D É P C T E O S Q R R S E C N
O Z H Q I L P H S J E G B K V B
U B L K S B A Q M H S Q J S U J
X S W J E V U A H C S Y M D L L
F O X P C H H G H B E F S Z Z O
É L U D N O E I Q L S O S C K I
U C Q P I Q L V E O A S Y H F F
L O N G M N E O U N P S I Y A O
K E Q P W U H H R D C M W I W Y
P A Y S S D M V C É I E H U O M
```

BLOND	LONG
MARRON	BOUCLES
ÉPAIS	FRISÉ
MINCE	NOIR
COLORÉ	ARGENT
TRESSÉ	SEC
SAIN	DOUX
GRIS	BLANC
CHAUVE	ONDULÉ
COURT	TRESSES

41 - Essen #1

```
G U C S U J H S O Y S Q A V C J
D N X B U X B W Z T K U I Q A L
O Z É F A C I L I S A B L E N I
U F Y D Y O R L F R A I S E N X
C A R O T T E E D N A I V D E Y
L P E D A T H S R D A T I A L A
O O N X G K I S E I B U Z L L R
Y G E H D X O N W U O X A A E A
T B N J T C I T R O N P T S B C
R I E W É S O U P E U H J I K H
J K P W J P N A V E T Q M Q W I
Z S F J B R I O I G N O N S G D
N C X U M A R N W H F M G M A E
A S D Z P T M O A E E G J J E Z
L L A S D C I H X R J P B L X W
Z B W T X Q S T M W D C X A O T
```

BASILIC	JUS
POIRE	SALADE
FRAISE	SEL
ARACHIDE	ÉPINARD
VIANDE	SOUPE
CAFÉ	THON
CAROTTE	CANNELLE
AIL	CITRON
LAIT	SUCRE
NAVET	OIGNON

42 - Ethik

```
T B I E N V E I L L A N T X V U
U O R A T I O N A L I T É N L W
Z E L B A N N O S I A R H B K W
Z E Z É T E T Ê N N O H Q B H D
C M G H R C T P H U M A N I T É
G S Q R T A A L T R U I S M E S
C I D D C L N O I S S A P M O C
P L X U E U T C E P S E R L U D
S A É U A S R U E L A V M U G Y
A É T I R G É T N I K G Y C Q E
G R I I P H I L O S O P H I E P
E L N R E U Q I T A M O L P I D
S Q G Q H N O I T A R É P O O C
S T I C T C C J E H J M V J H P
E P D R K Z D E M S I M I T P O
G E N T I L L E S S E D U B L U
```

ALTRUISME	RATIONALITÉ
DIPLOMATIQUE	RÉALISME
HONNÊTETÉ	RESPECTUEUX
GENTILLESSE	TOLÉRANCE
PATIENCE	RAISONNABLE
INTÉGRITÉ	SAGESSE
HUMANITÉ	VALEURS
COMPASSION	BIENVEILLANT
OPTIMISME	DIGNITÉ
PHILOSOPHIE	COOPÉRATION

43 - Gebäude

```
L O H E R L J Q T M A K D M R Q
O A Y E N I B A C S F É S V K V
B G B L B U S I N E R T Â É H T
S O N O S I A M E G V I F A F E
E É H C R A M R E P U S G M E C
R S W É U A M É N I C R R B R J
V A B D O X T M M I L E A A M F
A X T O T B J O E H X V N S E C
T D D G G B C Z I R R I G S T X
O V C F O D U R H R B N E A N F
I H Ô P I T A L T H E U G D E S
R M H R J B Q A I Z D B A E T A
E U U Ô W P S R L A A M R P X X
D Q N S T D B L S G T P A N D W
W K P W É E W S Z Y S O G E K L
F P V F J E L H G T F T N B R V
```

FERME
AMBASSADE
USINE
GARAGE
MAISON
HÔTEL
CABINE
CINÉMA
HÔPITAL
LABORATOIRE

MUSÉE
OBSERVATOIRE
GRANGE
ÉCOLE
STADE
SUPERMARCHÉ
THÉÂTRE
TOUR
UNIVERSITÉ
TENTE

44 - Mode

```
D B V F C M O D E R N E B M P W
P U C N A O S L B J U L O T R X
U X Z R Q K N L M K Y Y U S A E
F D U W P N O F M Q B T T O T M
D U V Q C R T A O U S S I T I I
M O D È L E U B S R Q G Q T Q N
S I M P L E O O S W T X U F U I
V R Q F D R B R S O B A E S E M
O Ê B M V Y C D K P R S B L L A
R L T R E C N A D N E T H L L L
I F N E O B N B W I E T M C E I
G A A A M D F L C R Z G U U T S
I U G U A E E E R U T X E T N T
N P É M Z V N R E U Y E N W E E
A Z L G H W Q T I C H E R E D U
L P É D A P E T S E D O M Q T X
```

MODESTE   ORIGINAL
BOUTIQUE   PRATIQUE
SIMPLE   DENTELLE
ÉLÉGANT   BRODERIE
ABORDABLE   STYLE
VÊTEMENTS   TISSU
CONFORTABLE   BOUTONS
MINIMALISTE   CHER
MODERNE   TEXTURE
MODÈLE   TENDANCE

45 - Essen #2

```
C O F Q A Q Y G M E Z C P C T G
O H D R S V L U D D H R J É O Z
B T A L O C O H C N I A P L M T
D R P M E M M O P A L G L E A U
R U G F P L A P X M O V G R T I
R O K R L I L G X A C I T I E D
I A U I Y M G U E F O E U F L S
E Y C Z I H H N C E R S A A B B
B Z U H B U W D O G B I H J L D
A S P E R G E S E N V R C Z P M
H H U A É L B A N A N E I T S M
P O I S S O N R L O E C T J Y W
H K T T E T Q K J A B P R O I D
A U B E R G I N E Z N M A Q D U
C J P T S O Q G E D H M A S U G
Q Z X R O D G B R H S Q O J N P
```

POMME	CERISE
ARTICHAUT	AMANDE
AUBERGINE	CHAMPIGNON
BANANE	RIZ
BROCOLI	JAMBON
PAIN	CHOCOLAT
OEUF	CÉLERI
POISSON	ASPERGES
YAOURT	TOMATE
FROMAGE	BLÉ

46 - Energie

```
S C F X B V Z P H B N C X Z B O
H Y D R O G È N E U U A T R A A
W N X F E N O B R A C R C E T V
X H E S E O L F R N L B Z N T G
É L E C T R I Q U E É U V O E D
V Z W C G T E F E I A R D U R E
Y E D U N C L I T R I A Z V I O
E G N R I E O Y O J R N E E E U
G U H T A L S B M U E T I L N D
O I W F X É A S T I U G R A I I
E N V I R O N N E M E N T B B E
T O E N T R O P I E F Q S L R S
B T Q M C H A L E U R G U E U E
N O I T U L L O P S D K D C T L
W H B M H H F Q S I Y H N R Y C
D P H R J A J Z X A U K I W M Q
```

BATTERIE	CARBONE
ESSENCE	MOTEUR
CARBURANT	NUCLÉAIRE
DIESEL	PHOTON
ÉLECTRIQUE	SOLEIL
ÉLECTRON	TURBINE
ENTROPIE	ENVIRONNEMENT
RENOUVELABLE	POLLUTION
CHALEUR	HYDROGÈNE
INDUSTRIE	VENT

47 - Familie

```
P  G  P  G  V  M  F  J  J  H  Q  N  M  F  I  T
K  W  I  R  A  M  N  E  A  A  W  N  P  D  B  Z
O  G  A  A  N  X  P  T  M  U  N  V  B  W  F  P
N  X  J  N  Q  O  E  È  S  O  E  U  R  P  I  E
C  C  T  D  B  E  C  A  R  U  E  M  K  U  L  T
L  M  N  M  M  A  W  D  L  E  T  N  A  T  L  I
E  U  A  È  J  È  I  V  E  V  W  W  N  U  E  T
S  W  B  R  G  B  R  L  Q  E  C  È  I  N  G  F
R  L  X  E  A  G  V  E  W  N  I  S  U  O  C  I
T  Z  Y  D  S  L  E  N  R  E  T  A  P  A  K  L
E  N  F  A  N  C  E  R  È  P  D  N  A  R  G  S
B  S  B  Y  E  M  M  E  F  E  N  F  A  N  T  Q
K  I  B  Y  T  B  H  T  E  R  T  Ê  C  N  A  K
H  L  K  H  D  N  Z  A  W  G  È  T  E  C  P  J
Q  X  V  S  J  P  K  M  I  D  W  R  F  C  M  V
Z  X  C  Q  Q  R  T  Q  P  O  A  J  E  R  V  X
```

FRÈRE	NEVEU
FEMME	NIÈCE
MARI	ONCLE
PETIT-FILS	SOEUR
GRAND-MÈRE	TANTE
GRAND-PÈRE	FILLE
ENFANT	PÈRE
ENFANCE	PATERNEL
MÈRE	COUSIN
MATERNEL	ANCÊTRE

48 - Pflanzen

```
M  N  Z  Z  U  V  Y  R  J  F  U  T  E  K  Y  G
N  O  I  T  A  T  É  G  É  V  G  I  N  C  X  F
K  S  U  T  C  A  C  F  G  L  K  K  G  R  M  Z
C  S  I  S  F  E  G  S  N  L  S  E  R  B  R  A
W  E  G  F  S  H  A  R  I  C  O  T  A  B  V  B
R  W  Y  U  P  E  M  Y  D  O  F  N  I  A  Z  A
H  E  R  B  E  G  Q  G  R  T  Y  O  S  I  Z  M
P  L  P  U  K  A  K  L  A  B  V  S  R  E  X  B
G  A  X  R  E  L  C  L  J  T  Y  S  C  Ê  B  O
B  T  G  E  R  L  N  L  E  M  N  I  X  W  T  U
O  É  O  L  O  I  F  S  L  B  R  U  H  L  F  R
H  P  N  Z  L  U  T  J  L  W  N  B  L  L  H  A
E  I  N  C  F  E  U  Q  I  N  A  T  O  B  D  C
F  X  G  P  L  F  C  A  U  L  I  E  R  R  E  I
F  Q  K  A  L  B  L  E  E  W  V  W  X  O  G  N
I  Q  Z  L  W  A  I  Y  F  I  F  M  Y  G  M  E
```

BAMBOU	LIERRE
ARBRE	FLORE
BAIE	JARDIN
FEUILLE	HERBE
FLEUR	CACTUS
PÉTALE	FEUILLAGE
HARICOT	MOUSSE
BOTANIQUE	VÉGÉTATION
BUISSON	FORÊT
ENGRAIS	RACINE

49 - Kunst

```
C G S I N Q T S S U V U D D S
É B V B H B V Z E K B W É O I U
R C Y X V Y B X J R C W P Z M J
A G Y N U I M U X Q U V E L P E
M E X E L P M O C R A T I A L T
I O P C E L O B M Y S N N N E W
Q E T Ê N N O H A B L H D I B P
U R E E N O V K B L H N R G E H
E C R F O L T B S T K N E I G P
O G U I S E M S I L A É R R U S
Y L T Q R U E M U H J P X O J R
E X P R E S S I O N N I X E P M
R R L E P I K E S M J V T Q H Z
V D U É H V H F O É R I P S N I
A Q C R N O I T I S O P M O C Y
V D S C M D N Y O P I P A S Z P
```

EXPRESSION
HONNÊTE
SIMPLE
SUJET
PEINTURES
INSPIRÉ
CÉRAMIQUE
COMPLEXE
ORIGINAL
PERSONNEL

POÉSIE
DÉPEINDRE
CRÉER
SCULPTURE
HUMEUR
SURRÉALISME
SYMBOLE
VISUEL
COMPOSITION

50 - Gewürze

```
C A N N E L L E O O R Q B N Z R
K T E X R E S H I C J U C C F M
L E N D G S S L G Y M H M D Y C
Z N T J I C K H N B J D F N T C
H R I E A A I X O V D H X C U C
O M G S I N A H N N R U N V G
B W U S N R K J G U O A I O P I
V P L I A X P K H T Y F X L A N
I G N L R V A W I M A I L I P G
G A A G F E E L I U O N E F R E
V A R É A A L U B S G O U A I M
D W M R S O L O R C T R I E K B
N O H E R V I O P A G J G G A R
K F U G R J N G O D C U R R Y E
U F Z X U M A X C E L F O R I G
W J C D B K V C A R D A M O M E
```

ANIS	GIROFLE
AMER	PAPRIKA
CURRY	POIVRE
FENOUIL	SAFRAN
SAVEUR	SEL
GINGEMBRE	AIGRE
CARDAMOME	DOUX
AIL	VANILLE
RÉGLISSE	CANNELLE
MUSCADE	OIGNON

51 - Kreativität

```
F I T N E V N I I S C F F W A B
N L S W O C V Y M V L C M E R L
O L U T V S I I A N A N W G T L
I S B I N K V O G O R R T S I Z
S N Q L D E Z L I H T W D A S I
S O T L L I M W N H É D R N T N
E I W U W I T I A S R E A O I T
R S N B I M H É T E G A M I Q E
P I D U B T N W I N P J A S U N
X V B E F I I Q O S E P T S E S
E V W V R P C O N A B S I E T I
T W Q G I K S S N T R F Q R V T
O H C I P F F E H I K L U P C É
S P O N T A N É A O C P E M F K
P I N T R Z K D X N X U C I Z U
A U T H E N T I C I T É I K O P
```

EXPRESSION
AUTHENTICITÉ
IMAGE
DRAMATIQUE
IMPRESSION
INVENTIF
FLUIDITÉ
SENTIMENTS
IDÉES

INTENSITÉ
INTUITION
CLARTÉ
ARTISTIQUE
IMAGINATION
SENSATION
SPONTANÉ
VISIONS

52 - Geschäft

```
T  Û  O  C  E  P  H  S  S  Q  N  N  K  W  A  Z
N  R  W  E  A  E  R  È  I  R  R  A  C  E  U  Y
E  E  A  Z  E  I  M  O  N  O  C  É  E  M  G  O
G  S  B  N  E  J  V  G  F  G  É  R  A  N  T  X
R  I  U  O  S  T  Ô  P  M  I  W  R  J  F  V  M
A  D  R  I  I  A  X  K  E  P  T  E  G  D  U  B
U  N  E  T  V  J  C  I  U  K  J  V  Q  B  S  U
G  A  A  C  E  J  B  T  Q  Q  V  E  U  Y  I  C
L  H  U  U  D  O  X  H  I  V  P  N  T  O  N  Y
J  C  K  D  G  Q  G  M  T  O  E  U  X  X  E  N
H  R  I  É  G  G  V  S  U  K  N  N  L  U  C  V
A  A  S  R  D  A  I  F  O  P  R  V  T  W  N  G
E  M  P  L  O  Y  É  W  B  P  N  S  H  E  A  T
E  M  P  L  O  Y  E  U  R  S  T  I  O  I  N  G
E  J  G  T  P  Q  U  O  K  H  U  R  P  W  I  L
V  O  R  V  R  M  Z  H  G  A  L  D  A  O  F  O
```

EMPLOYEUR	COÛT
BUDGET	GÉRANT
BUREAU	EMPLOYÉ
REVENU	RÉDUCTION
USINE	IMPÔTS
FINANCE	TRANSACTION
ARGENT	VENTE
BOUTIQUE	MARCHANDISE
PROFIT	DEVISE
CARRIÈRE	ÉCONOMIE

53 - Ingenieurwesen

```
J  L  E  V  I  E  R  S  E  D  A  M  A  N  S  S
I  E  B  T  A  K  K  M  I  Z  Q  Y  X  B  Q  T
D  I  A  M  È  T  R  E  C  R  O  F  E  F  Q  A
L  D  I  S  T  R  I  B  U  T  I  O  N  T  N  B
W  C  P  J  S  B  G  R  Y  M  U  O  W  É  O  I
D  W  F  A  T  O  I  N  Q  P  H  X  P  N  I  L
C  I  A  P  R  O  F  O  N  D  E  U  R  E  T  I
A  P  E  D  I  A  G  R  A  M  M  E  U  R  C  T
L  E  G  S  E  G  A  N  E  R  G  N  E  G  U  É
C  C  Q  V  E  L  I  Q  U  I  D  E  T  I  R  M
U  L  H  M  L  L  H  X  A  A  G  Z  O  E  T  A
L  S  T  R  U  C  T  U  R  E  P  Y  M  J  S  C
A  N  G  L  E  P  R  O  P  U  L  S  I  O  N  H
M  E  S  U  R  E  O  Z  Q  O  O  G  J  D  O  I
F  E  V  X  O  B  S  P  E  V  J  G  K  H  C  N
T  X  K  S  F  O  I  W  W  A  Y  F  X  O  G  E
```

AXE	CONSTRUCTION
PROPULSION	MACHINE
CALCUL	MESURE
DIAGRAMME	MOTEUR
DIESEL	STABILITÉ
DIAMÈTRE	FORCE
ÉNERGIE	STRUCTURE
LIQUIDE	PROFONDEUR
ENGRENAGES	DISTRIBUTION
LEVIERS	ANGLE

54 - Kaffee

```
J  Q  L  Y  S  D  Q  V  L  C  I  I  P  B  R  Z
D  W  E  I  A  J  B  C  I  A  E  S  F  O  V  A
X  Q  G  T  X  G  D  Y  Q  F  G  K  L  I  U  W
G  I  U  Z  Y  H  N  U  U  É  X  Q  M  S  B  S
N  C  U  E  G  P  K  S  I  I  T  Ô  R  S  C  W
U  Q  D  Q  L  R  R  N  D  N  L  W  E  O  S  R
P  R  I  X  A  W  K  K  E  E  K  A  R  N  U  U
I  I  R  W  A  B  B  C  R  É  M  A  I  I  C  E
M  O  U  D  R  E  S  S  A  T  F  F  V  T  R  J
K  N  E  A  I  N  M  W  A  É  B  U  T  A  E  F
K  E  V  P  E  I  U  Ô  E  I  C  P  C  M  V  Q
C  M  A  N  M  G  B  C  R  R  E  M  A  W  D  F
M  Y  S  Y  È  I  A  H  T  A  D  U  I  Q  K  G
U  K  L  T  R  R  T  P  L  V  I  L  N  D  P  S
W  X  S  P  C  O  K  P  I  S  C  U  P  I  I  S
C  G  Z  K  F  J  M  L  F  Q  A  U  Q  L  R  M
```

ARÔME	LAIT
AMER	MATIN
CRÈME	PRIX
FILTRE	ACIDE
LIQUIDE	NOIR
RÔTI	TASSE
SAVEUR	ORIGINE
BOISSON	VARIÉTÉ
CAFÉINE	EAU
MOUDRE	SUCRE

55 - Gemüse

```
A T E V A N B C T P A T Q T K K
M U R H Z Y V R X E T A T A P Q
F F B Y S W K U P R K C U A B Y
I L M E V I L O D S F C A V V K
N Z E D R C C A D I U G H X B Y
Z R G A T G H I X L I A C Z V K
R B N L U V I O T X Y D I T S M
L L I A C R T N U R G R T X C U
U P G S B H E V E F O M R S Z Q
É P I N A R D K C Z L U A E D O
C H A M P I G N O N N E I W Z H
C É L E R I T P F V E T U L O Q
F T O M A T E O J K C W D R L N
C A R O T T E I L O C O R B P E
M W R O R E V S O I G N O N S L
C O N C O M B R E O B V Y L B A
```

ARTICHAUT
AUBERGINE
CHOU-FLEUR
BROCOLI
POIS
CONCOMBRE
GINGEMBRE
CAROTTE
PATATE
AIL

CITROUILLE
OLIVE
PERSIL
CHAMPIGNON
NAVET
SALADE
CÉLERI
ÉPINARD
TOMATE
OIGNON

56 - Schönheit

```
J A M E M M M É B I O H K N V M
U N I T A Q O L O W M U F R A P
X T R S S N Z É U Q B I A E T A
N W O I C T Z G C G A L F E X C
Q S I L A G X A L H V E N M P O
L A R Y R I F N E U N S W R S U
A I P T A H X T S U I T Q A E L
C W S S H A M P O O I N G H R E
G I J S T I U D O R P L H C V U
R X S Z E U Q I T É M S O C I R
Â C U E C N A G É L É V Z V C D
C E D G A X M H U W Z D L X E J
E R P K M U V U U P P Z N S S D
T M K I D U X K Y G S Z T Z O L
P H O T O G É N I Q U E T W T E
Y O V L F E A B N I H F A C F M
```

GRÂCE

CHARME

SERVICES

PARFUM

ÉLÉGANT

ÉLÉGANCE

COULEUR

PHOTOGÉNIQUE

LISSE

PEAU

COSMÉTIQUE

BOUCLES

HUILES

PRODUITS

CISEAUX

SHAMPOOING

MIROIR

STYLISTE

MASCARA

57 - Tanzen

```
J N K F O T G J F S P R O C M É
O T M L S R U H I B A Y Q X O M
Y Q W S U A S L S D R U D E U O
E C Â R G D J Q S X J N T A V T
U C C E R I A N E T R A P R E I
X U H U M T J R R J Q I E T M O
C L O Q U I H L P M K T Y E E N
U T R I S O Q G X T X V S V N D
L U É S I N M L E U S I V Q T N
T R G S Q N O I T I T É P É R C
U E R A U E I M É D A C A D D L
R M A L E L P O S T U R E S A L
E H P C A J D B D V Z H B I G F
L T H V R M L I O O I V I T Y B
I Y I O D X G L R X A C I G F Z
F R E M D I S O H V P J E P T C
```

ACADÉMIE
GRÂCE
EXPRESSIF
MOUVEMENT
CHORÉGRAPHIE
ÉMOTION
JOYEUX
POSTURE
CLASSIQUE
CORPS

CULTURE
CULTUREL
ART
MUSIQUE
PARTENAIRE
RÉPÉTITION
RYTHME
SAUT
TRADITIONNEL
VISUEL

58 - Ernährung

```
V C D I S X B N P I Q J I D H L
N O I I R V Z X J T U E X T R B
R M G I O I F C G P A I K Z I B
N E E C U A S V R U L D I È T E
P S S E I R O L A C I K W F Q U
R T T A I V E J Z V T P O I D S
O I I F S B D M R K É A M T L E
T B O R C É R É A L E S M I L D
É L N M O T É Q U I L I B R É I
I E U K F N I A S O S F Y T C C
N N O I T A T N E M R E F U T U
E C M R S S A V E U R I N O L
S S R A A P P É T I T J X Y X G
V I T A M I N E H Y S R D Q I H
B R O W E R X F A N K L K B N N
N R N G F C D X L K A X H T E M
```

APPÉTIT	POIDS
ÉQUILIBRÉ	CALORIES
AMER	GLUCIDES
DIÈTE	NUTRITIF
COMESTIBLE	PROTÉINES
FERMENTATION	QUALITÉ
SAVEUR	SAUCE
SAIN	TOXINE
SANTÉ	DIGESTION
CÉRÉALES	VITAMINE

59 - Länder #1

```
N  I  Z  D  V  C  H  V  R  Q  T  I  U  I  F  E
O  X  S  P  P  E  I  N  O  T  T  E  L  R  I  X
R  N  É  M  O  D  N  C  I  W  I  N  I  A  N  S
V  I  N  A  B  I  T  E  I  C  K  G  S  K  L  V
È  K  É  F  S  A  J  N  Z  I  F  A  É  V  A  I
G  C  G  H  F  T  F  H  J  U  C  M  R  M  N  E
E  A  A  D  O  N  Q  M  R  A  E  E  B  W  D  T
M  M  L  Q  P  E  I  L  A  T  I  L  A  M  E  N
V  B  Q  H  W  N  E  C  A  G  Z  L  A  R  F  A
S  O  V  Q  Q  G  Q  G  A  Q  H  A  I  K  I  M
Q  D  M  V  E  O  Z  J  Y  R  P  R  N  S  Y  C
L  G  H  E  X  L  F  R  H  P  A  Q  D  D  F  A
F  E  G  U  J  O  Q  Z  R  U  T  G  E  C  A  N
G  S  N  F  G  P  K  B  O  Z  R  E  U  K  Z  A
E  R  J  A  Z  R  O  U  M  A  N  I  E  A  W  D
I  S  R  A  Ë  L  B  Y  E  S  P  A  G  N  E  A
```

EGYPTE	LETTONIE
BRÉSIL	MALI
ALLEMAGNE	NICARAGUA
FINLANDE	NORVÈGE
INDE	POLOGNE
IRAK	ROUMANIE
ISRAËL	SÉNÉGAL
ITALIE	ESPAGNE
CAMBODGE	VENEZUELA
CANADA	VIETNAM

60 - Technologie

```
B D K D J R H S Z D X V K L É P
P S J J T D E T H J O B F G C O
I Y U R E I H C I F P N J R R L
B L O G U B N É H L M F N E A I
O O V M Q F M T J E J F V É N C
C U L E I P Q I E A R G Z K E E
T N O S R V F R O R S C Q R H S
E A G S É I A U Z É N F H M F Z
T V I A M R D C T M V E E E R U
S I C G U T H É W A N C T V I P
R G I E N U Q S J C Z O S T Y I
Q A E W Y E O R D I N A T E U R
V T L V R L A F F I C H A G E S
S E U Q I T S I T A T S I J T D
H U V I R U S W M A M X O Y W F
P R U E S R U C G O L A U L W D
```

AFFICHAGE
ÉCRAN
BLOG
NAVIGATEUR
OCTETS
ORDINATEUR
CURSEUR
FICHIER
DONNÉES
NUMÉRIQUE

RECHERCHE
INTERNET
CAMÉRA
MESSAGE
POLICE
SÉCURITÉ
LOGICIEL
STATISTIQUES
VIRTUEL
VIRUS

61 - Wasser

```
C  C  D  K  C  N  O  I  T  A  G  I  R  R  I  D
H  U  M  I  D  I  T  É  Q  F  L  C  O  Y  E  L
B  V  K  G  U  R  G  N  T  L  A  G  A  R  U  B
G  E  Y  S  E  R  A  E  E  E  C  A  L  N  F  C
M  B  R  Q  B  E  V  D  L  U  E  M  M  P  A  O
D  O  U  C  H  E  D  I  K  V  S  O  D  K  M  L
E  P  I  P  G  O  D  M  K  E  X  U  N  U  R  A
O  O  N  U  L  L  R  U  J  O  K  S  M  K  Z  F
K  T  O  T  U  U  W  H  Q  O  D  S  E  C  W  Q
J  A  N  E  V  U  I  K  C  R  F  O  A  P  T  Y
O  B  D  T  A  G  B  E  X  V  N  N  W  H  S  V
D  L  A  Q  P  N  O  I  T  A  R  O  P  A  V  É
L  E  T  S  E  U  G  A  V  S  H  C  M  K  Y  X
Y  R  I  I  U  I  N  E  I  G  E  É  R  C  S  Q
E  H  O  K  R  L  P  P  B  P  L  A  H  N  S  D
C  C  N  O  U  R  A  G  A  N  N  N  C  G  Q  A
```

IRRIGATION	OURAGAN
VAPEUR	CANAL
DOUCHE	MOUSSON
GLACE	OCÉAN
HUMIDE	PLUIE
HUMIDITÉ	NEIGE
FLEUVE	LAC
INONDATION	POTABLE
GEL	ÉVAPORATION
GEYSER	VAGUES

62 - Science Fiction

```
F  T  I  F  P  M  R  D  Y  S  T  O  P  I  E  E
A  G  B  E  U  O  Y  O  F  F  Q  N  R  A  I  X
N  E  U  O  V  T  S  S  B  R  N  B  J  R  P  P
T  Z  O  V  P  B  U  E  T  O  E  M  K  F  O  L
A  M  É  N  I  C  H  R  G  É  T  K  L  Q  T  O
S  N  Y  I  S  Z  H  V  I  G  R  S  T  I  U  S
T  X  D  A  Q  W  H  I  N  S  Y  I  A  N  B  I
I  N  N  O  I  S  U  L  L  I  T  M  E  D  F  O
Q  I  M  A  G  I  N  A  I  R  E  E  I  U  W  N
U  E  I  G  O  L  O  N  H  C  E  T  X  V  X  S
E  T  È  N  A  L  P  M  U  S  L  S  A  F  E  U
Z  V  C  Y  V  Q  E  C  Z  K  J  I  L  Q  L  M
W  U  O  V  M  G  I  Q  G  F  T  L  A  S  C  O
O  I  K  S  X  V  B  V  Q  O  H  A  G  N  A  N
J  B  E  D  P  F  O  I  R  A  N  É  C  S  R  D
E  X  T  R  Ê  M  E  J  D  Q  G  R  H  Z  O  E
```

LIVRES	IMAGINAIRE
DYSTOPIE	CINÉMA
EXPLOSION	ORACLE
EXTRÊME	PLANÈTE
FANTASTIQUE	RÉALISTE
FEU	ROBOTS
FUTURISTE	SCÉNARIO
GALAXIE	TECHNOLOGIE
MYSTÉRIEUX	UTOPIE
ILLUSION	MONDE

63 - Literatur

```
C O M P A R A I S O N W R R L D
D O E I H P A R G O I B Y W Q E
P Z S I M E U N A M O R T J N S
D I A L O G U E E M I R H T C C
K L D E N B F P B C Y A M H I R
P L J T N P Q R J O D N E È P I
N Y X S Q O E U M C D O N M O P
T R A G É D I E L Y T S T E È T
P U V T B C G T Q K Y T L E M I
O E Q N B W O U C B Y K K S E O
É T Z X S F L A Z I A X G Y F N
T A M T A D A N P U F P K L H A
I R E V T K N S M H M V N A H N
Q R Y X N H A V F M T J N N O Q
U A N C O N C L U S I O N A C J
E N M É T A P H O R E E A S V H
```

ANALOGIE

ANALYSE

ANECDOTE

AUTEUR

DESCRIPTION

BIOGRAPHIE

DIALOGUE

NARRATEUR

FICTION

POÈME

MÉTAPHORE

POÉTIQUE

RIME

RYTHME

ROMAN

CONCLUSION

STYLE

THÈME

TRAGÉDIE

COMPARAISON

64 - Wandern

```
P  Z  D  R  T  P  I  E  R  R  E  S  L  P  H  N
N  X  B  O  T  T  E  S  C  T  Y  P  O  R  Q  S
B  A  U  G  Z  M  S  R  S  A  B  L  U  É  S  O
O  É  T  É  M  Q  I  E  G  O  R  K  R  P  O  R
O  Q  E  U  R  D  A  G  S  L  G  T  D  A  L  I
V  U  M  G  R  S  L  N  I  S  L  S  E  R  E  E
O  F  M  I  I  E  A  A  C  D  L  P  V  A  I  N
W  H  O  T  M  D  F  D  Z  A  R  I  A  T  L  T
G  J  S  A  E  I  T  J  S  G  M  J  B  I  U  A
M  F  Z  F  A  U  X  Q  X  E  V  P  Z  O  M  T
S  G  V  M  U  G  W  G  P  G  O  J  I  N  V  I
L  L  O  G  O  M  O  N  T  A  G  N  E  N  L  O
A  H  A  N  I  M  A  U  X  V  N  M  W  H  G  N
G  W  C  L  I  M  A  T  Z  U  G  Z  K  R  P  M
S  P  K  F  P  P  O  D  N  A  O  C  Z  T  H  V
K  B  U  O  Y  H  Y  V  P  S  M  W  X  N  E  D
```

MONTAGNE	ORIENTATION
CAMPING	LOURD
GUIDES	SOLEIL
DANGERS	PIERRES
SOMMET	BOTTES
CARTE	ANIMAUX
CLIMAT	PRÉPARATION
FALAISE	EAU
FATIGUÉ	MÉTÉO
NATURE	SAUVAGE

65 - Globale Erwärmung

```
L  Z  I  M  U  F  U  X  H  Q  A  X  B  C  F  D
É  S  N  F  N  U  E  D  A  L  B  J  T  K  V  M
G  X  D  V  R  T  U  S  B  H  M  A  N  S  K  A
I  V  U  M  C  U  Q  E  I  O  X  R  E  E  E  I
S  A  S  N  L  R  I  É  T  R  Q  C  M  R  H  N
L  T  T  N  B  D  F  N  A  V  C  T  E  U  I  T
A  T  R  E  U  V  I  N  T  E  G  I  N  T  V  E
T  E  I  T  E  A  T  O  S  Q  F  Q  R  A  Q  N
I  N  E  K  A  I  N  D  V  O  H  U  E  R  R  A
O  T  T  N  E  M  E  P  P  O  L  E  V  É  D  N
N  I  Z  M  N  Z  I  Z  O  S  L  R  U  P  J  T
K  O  G  A  Z  D  C  L  Z  F  A  I  O  M  Z  W
S  N  I  G  G  K  S  Q  C  Z  B  U  G  E  X  S
G  É  N  É  R  A  T  I  O  N  S  D  E  T  N  Q
É  N  E  R  G  I  E  V  Z  F  A  É  P  I  C  Y
C  L  D  L  A  N  O  I  T  A  N  R  E  T  N  I
```

ARCTIQUE
ATTENTION
DONNÉES
ÉNERGIE
DÉVELOPPEMENT
GAZ
GÉNÉRATIONS
LÉGISLATION
INDUSTRIE
INTERNATIONAL

MAINTENANT
CLIMAT
CRISE
HABITATS
RÉDUIRE
GOUVERNEMENT
TEMPÉRATURES
SCIENTIFIQUE
FUTUR

66 - Länder #2

```
M  Z  Z  U  T  V  X  O  E  T  V  F  G  S  J  V
M  R  J  O  R  B  E  L  U  Z  H  Q  R  Y  A  K
G  R  B  U  I  U  I  E  Q  G  N  P  È  R  M  M
Z  E  K  K  E  C  N  D  I  A  A  O  C  I  A  J
P  A  K  I  S  T  A  N  X  K  Y  N  E  E  Ï  A
K  N  E  O  G  H  B  A  E  S  N  H  D  L  Q  Y
M  O  I  S  O  A  L  L  M  X  E  E  R  A  U  O
Y  P  S  G  O  R  A  R  O  S  K  N  Q  P  E  J
V  A  S  T  E  U  L  I  B  É  R  I  A  É  I  H
J  J  U  J  C  R  D  Y  S  M  C  A  G  N  P  A
T  F  R  U  N  O  I  A  T  T  E  R  Q  A  O  Ï
M  V  K  P  A  V  Z  A  N  R  O  K  V  U  I  T
V  L  S  A  R  E  L  J  V  H  E  U  M  U  H  I
O  P  G  X  F  O  J  L  U  U  P  I  O  F  T  V
T  Q  U  D  N  F  U  J  H  S  W  H  M  H  E  P
U  N  P  X  D  L  U  Q  W  U  L  H  G  W  Q  C
```

ALBANIE	LIBÉRIA
ETHIOPIE	MEXIQUE
FRANCE	NÉPAL
GRÈCE	NIGERIA
HAÏTI	PAKISTAN
IRLANDE	RUSSIE
JAMAÏQUE	SOUDAN
JAPON	SYRIE
KENYA	OUGANDA
LAOS	UKRAINE

67 - Fahrzeuge

```
U B O O I H K G H Y V U T H F Q
Z M D A L P E N D Z D N R É U T
A W O R T É M D E Y P I A L S R
B M B T P S C O O T E R C I É L
Z A B S E N Z R W D Y A T C E K
I Y T U Y U A E D A R M E O B O
V F O E L Y R Q F V R S U P L S
J Y K N A A Y O V V E U R T P R
D D Y P E U N V Z L F O H È W K
A V I O N Y O C Z V Y S R R P B
P Q X L A C I A E G S U J E C O
S D A É V P M C Y T W B N F I K
T W T V A U A H O V O I T U R E
Z L N V R Y C F F U D M P C P K
K R J L A J G C F M N T R A I N
Z U R Q C B Q N O X Q D Q R H T
```

VOITURE	MOTEUR
BATEAU	FUSÉE
BUS	PNEUS
VÉLO	SCOOTER
FERRY	TAXI
RADEAU	TRACTEUR
AVION	MÉTRO
HÉLICOPTÈRE	SOUS-MARIN
AMBULANCE	CARAVANE
CAMION	TRAIN

68 - Musikinstrumente

```
T E P J G C Z L I J G H H P H U
X A D E F R I M O H Z R A E I B
V T M G M J Q S S G J V R R Z A
V Q Y B O J S J S R E N M C L S
I Q S N O L L I R A C V O U P S
O K A G K U N G G V F D N S S O
L H G W D E R A T I U G I S A N
O V V C U S L Q C R U F C I X I
N R E T T E P M O R T G A O O R
C W U U R Q D P O O M S G N P U
E T O G N O G S I O B T U A H O
L B A N J O M U E A X R K Z O B
L J D N N Q K B M G N R J I N M
E T Û L F W F N O M W O G N E A
M A N D O L I N E N O L O I V T
C L A R I N E T T E E P R A H W
```

BANJO
VIOLONCELLE
BASSON
FLÛTE
VIOLON
GUITARE
CARILLONS
GONG
HARPE
CLARINETTE

PIANO
MANDOLINE
HARMONICA
HAUTBOIS
TROMBONE
SAXOPHONE
PERCUSSION
TAMBOURIN
TAMBOUR
TROMPETTE

69 - Blumen

```
P Z Z Y D G K B P A J V D Y P C
B É G D T R G O A I R E M U L P
B S T O V A P U S U C S I B I H
F N K A Q E V Q S H P L T G Y V
V A C N L O S U I U A A U A I E
L F L X T E W E F Q Q V L R U M
J A S M I N I T L K B A I D O H
B E A V L F E Z O T B N P É P O
T S L V N M A M R P K D E N V R
R A I V E F Q A E P C E Z I Z C
È L L K S P Z R J R I E Z A V H
F X Y H S U A D C O T V C O A I
L V Y S I L O S E N R U O T L D
E S O H P M A G N O L I A I L É
J S U O B M Y Q K E R Q C O N E
N P R O S E T I R E U G R A M E
```

PÉTALE
GARDÉNIA
MARGUERITE
HIBISCUS
JASMIN
TRÈFLE
LAVANDE
LILAS
LYS
PISSENLIT

MAGNOLIA
PAVOT
ORCHIDÉE
PASSIFLORE
PIVOINE
PLUMERIA
ROSE
TOURNESOL
BOUQUET
TULIPE

70 - Natur

```
B R C E J D F E U I L L A G E A
H E O E A S Y U T D S A L F V N
O I A W B D Q N V I T A L R U I
T C E U P H Q O A U V X F Z E M
L A O W T H G I J M L E D Z L A
S L W A T É A S U B I U Y F F U
E G A V U A S O M T S Q F Q C X
N F W A O T Ê R O F W I U C M N
G U R E E L C É A G B T V E T N
A B E I L L E S S K F C A B R I
T Z A A B E H G A E A R Q C E X
N B V Q I C F G P K R A M K S L
O I C J S V Z U I K U E D K É O
M T E R I A U T C N A S I H D Z
D L L L A C I P O R T I X N D G
P C Q S P B R O U I L L A R D U
```

ARCTIQUE	FEUILLAGE
MONTAGNES	VITAL
ABEILLES	BROUILLARD
DYNAMIQUE	BEAUTÉ
ÉROSION	ABRI
FLEUVE	ANIMAUX
PAISIBLE	TROPICAL
GLACIER	FORÊT
SANCTUAIRE	SAUVAGE
SEREIN	DÉSERT

71 - Urlaub #2

```
J Q R E G N A R T É L B M Î U E
H Z Q E G O E G A Y O V O P L X
V I S A S I Y J K F I W N E R E
S W A Y E T M E R A S Z T U E G
X R X Q C A A X Y K I Z A M U A
L T I Q N N B U W U R G P Q L L
Q R J F A I W W R W Y H N A L P
D O T L C T U Y I A W W E S T Q
K P A D A S R G V H N Q S S W G
I S X B V E T R A C I T T E W I
A N I B A D I M H M O M E P A H
C A M P I N G X D Ô P J N O Z I
I R T R A I N Q Y O T V T R O U
S T A É R O P O R T C E E T R O
A L D G C H I U H B U X L H F Y
D E B H C C A V W C S Q H Q S H
```

ÉTRANGER
MONTAGNES
CAMPING
AÉROPORT
LOISIR
HÔTEL
ÎLE
CARTE
MER
PASSEPORT

VOYAGE
RESTAURANT
PLAGE
TAXI
TRANSPORT
VACANCES
VISA
TENTE
DESTINATION
TRAIN

72 - Barbecues

```
C D B G C A Q R F E V U A C U G
Z U M B S O X V U L U Y J S A M
A A I K Y Q U Z S Z U M B N G B
L H A S V L E T I U R F K R U Z
J C F J I L J R E N U E J É D J
F B X T G N E X L A X E A K T R
O L X P Q D E T L A U O U P J É
U E N F A N T S I S V X Z X T X
R R E N Î D N X M L É G U M E S
C V O U L R C H A V R M E M L R
H I J T G H E O F Q Y U B O U D
E O J S A L A D E S P S P B O V
T P C U D I S A U C E I U W P Y
T Y Q P D R E S F S X Q J Z X R
E I S R M G O Y N E G U X L K I
S U X R S T C N J L R E U K D C
```

DÎNER   CUISINE
FAMILLE   COUTEAUX
FRUIT   DÉJEUNER
FOURCHETTES   MUSIQUE
LÉGUMES   POIVRE
GRIL   SALADES
CHAUD   SEL
POULET   ÉTÉ
FAIM   SAUCE
ENFANTS   JEUX

73 - Schach

```
R B L A N C W N A M S P J Q M S
F R F I L X P G S R U O C N O C
S P M E T O U R N O I I M E G I
R A T T V P E I W W V N U K Y C
A O C Z E X J O F W U T F F Y B
P Y I R R S B N B E L S Z J A N
P C S U I N T E L L I G E N T
R H W E A F T Q H E P Z E J V J
E A Y U S I I Q U U J N M D Y H
N M X O R S X C S Z B E T N A H
D P U J E S U S E L G È R P T D
R I N A V A G S U X R I D C K C
E O S X D P J L I E D E P M H G
U N C L A N O G A I D T I D D G
D Y R E N O O P Y V A S S N F O
M Q S T R A T É G I E A H Z E J
```

CHAMPION   RÈGLES
DIAGONAL   NOIR
ADVERSAIRE   JEU
INTELLIGENT   JOUEUR
ROI   STRATÉGIE
REINE   TOURNOI
APPRENDRE   BLANC
SACRIFICE   CONCOURS
PASSIF   TEMPS
POINTS

74 - Geographie

```
R C A R T E M H M W O X A X G L
E É Z F S L O É É M G B T K H B
M M G O E Î N M R D C M L D R P
H Z C I U F T I I A H D A S D R
K E L E O D A S D R E S S Y A P
O R H A Z N G P I U V T V E N M
N I R J Q A N H E C E I T K L M
S O Y E I É E È N R T Z L R A K
F T R U A C L R Z V W A G L Z D
H I E D N O M E V V T J N F E Y
O R V A L T I T U D E B Z E P R
V R U E T A U Q É F P Z D Y I V
Z E E D U T I T A L F J A E W F
L T L C F C O N T I N E N T V U
M K F Y Z K G B C Z S Y X X S M
G V O Q R M S M J P G S U R D Z
```

ATLAS
ÉQUATEUR
MONTAGNE
LATITUDE
FLEUVE
TERRITOIRE
HÉMISPHÈRE
ALTITUDE
ÎLE
CARTE

CONTINENT
PAYS
MER
MÉRIDIEN
NORD
OCÉAN
RÉGION
VILLE
MONDE
OUEST

75 - Zahlen

```
K F G T R O I S L V I N G T E S
L P B Z E Z R O T A U Q X S C V
R F S Y E L W V F K M U K M T J
X X Q Q Z X O C I N Q I O O Q A
W T S D I X D O U Z E N C R K P
B R U C E K R U H P Y Z A É J L
U N W K R O R N Y O C E A Z D W
C O P R T H F R D I X H U I T P
W K E D P F U E N X I D I O I Y
H Q A Y U U H I Q U A T R E T E
A N B C F E D R T E U F T C W T
D F U X J N Z M Y D V C A Q H O
I C I I X T U T A I Q E I D S Q
H Z Y C T P E S X I D N R B C K
B F H X N E E Z I E S K B E R N
Y G G R H S B A J X N Z B M T C
```

HUIT	SIX
DIX-HUIT	SEIZE
DÉCIMAL	SEPT
TROIS	DIX-SEPT
TREIZE	QUATRE
CINQ	QUATORZE
QUINZE	DIX
NEUF	VINGT
DIX-NEUF	DEUX
ZÉRO	DOUZE

76 - Tage und Monate

```
L A V X K F H M U H P W L M C A
E R U H Y O K C E M K U S E A O
N I U J G J U U I Z T F C R L Û
I O G U H K G U K R W P G C E T
A Z V N T Q K H N S T B U R N N
M G C E R B M E C É D F B E D Z
E D G R M M O I S F S C I D R V
S A A B V B X P U T M U I I I E
A V Z M V K R O C T O B R E E E
Z I D E R D N E V M R R J F R C
O D C T D I M A N C H E E U E D
V E L P E F E H V U Y I U L I S
B M H E A N N É E K Q R D S V H
V A Y S J U I L L E T V I R N H
J S L U N D I A S C X É L J A B
G F Q T G U L Q C R Y F N N J M
```

AOÛT	CALENDRIER
DÉCEMBRE	MERCREDI
MARDI	MOIS
JEUDI	LUNDI
FÉVRIER	NOVEMBRE
VENDREDI	OCTOBRE
ANNÉE	SAMEDI
JANVIER	SEPTEMBRE
JUILLET	DIMANCHE
JUIN	SEMAINE

77 - Emotionen

```
E  I  O  J  C  O  L  È  R  E  R  K  S  C  F  B
M  T  T  W  H  L  J  Y  C  S  I  E  W  E  Q  N
B  R  R  B  Y  T  I  K  R  S  Y  V  L  X  Y  S
A  A  I  Y  I  P  O  A  K  E  U  X  B  I  Y  S
R  N  S  A  A  G  T  X  M  R  I  K  D  A  E  T
R  Q  T  M  C  E  S  X  M  D  U  F  S  P  S  F
A  U  E  O  F  E  V  U  D  N  E  T  É  D  S  F
S  I  S  U  Q  U  O  P  U  E  P  Y  F  L  E  M
S  L  S  R  I  R  E  B  É  T  I  C  X  E  L  C
É  L  E  S  U  R  P  R  I  S  E  C  A  D  L  O
Q  I  M  Y  V  E  H  N  O  P  Y  O  N  C  I  N
G  T  L  M  J  F  P  K  E  N  N  U  I  M  T  T
O  É  A  F  I  S  Y  M  P  A  T  H  I  E  N  E
R  E  C  O  N  N  A  I  S  S  A  N  T  Q  E  N
S  A  T  I  S  F  A  I  T  J  G  P  Q  Q  G  U
D  B  T  I  K  N  H  N  Q  X  A  R  E  H  M  J
```

PEUR
EXCITÉ
EMBARRASSÉ
RECONNAISSANT
DÉTENDU
JOIE
GENTILLESSE
PAIX
CONTENU
ENNUI

AMOUR
RELIEF
TRANQUILLITÉ
CALME
SYMPATHIE
TRISTESSE
SURPRISE
COLÈRE
TENDRESSE
SATISFAIT

78 - Zu Füllen

```
P  J  U  X  W  S  G  Y  X  M  N  R  K  V  S  M
L  F  L  D  V  A  Z  B  N  B  C  F  A  V  Z  G
A  Z  A  H  S  C  W  I  A  O  Z  A  Z  Q  P  C
T  B  M  F  F  A  N  E  B  U  T  C  H  O  A  S
E  T  O  N  A  V  I  R  E  T  P  R  F  M  Q  F
A  E  I  Î  H  E  S  E  S  E  T  X  A  E  U  Y
U  N  U  R  T  A  S  I  A  I  R  W  Q  C  E  X
A  V  F  E  O  E  A  S  V  L  R  C  V  L  T  X
E  E  U  V  X  I  B  S  Q  L  P  A  N  I  E  R
S  L  B  E  C  N  R  O  T  E  V  A  L  I  S  E
E  O  G  R  I  M  Z  D  M  S  J  Q  M  N  I  B
Y  P  I  M  Q  E  C  Q  J  S  Y  Y  C  E  J  E
S  P  V  B  B  B  B  S  P  J  I  K  Z  H  W  Y  F
K  E  E  Q  H  S  J  N  E  A  L  T  P  A  W  D
B  A  I  G  N  O  I  R  E  C  N  X  O  H  Y  U
U  B  A  R  I  L  N  T  C  F  L  V  T  Y  N  I
```

BASSIN	DOSSIER
BOÎTE	PAQUET
SEAU	TUBE
BARIL	NAVIRE
BOUTEILLE	TIROIR
CARTON	PLATEAU
CAISSE	SAC
VALISE	ENVELOPPE
PANIER	VASE
POT	BAIGNOIRE

79 - Kräuterkunde

```
M  S  B  P  A  I  L  L  J  K  E  T  I  F  E  S
Z  A  K  M  C  E  N  A  I  A  E  R  O  L  S  A
X  H  R  S  V  Y  C  V  T  F  R  S  É  E  T  F
J  B  U  J  X  I  H  A  D  X  I  D  T  U  R  R
C  W  E  N  O  K  Z  N  E  Q  A  Q  I  R  A  A
F  U  V  B  B  L  N  D  M  X  N  Q  L  N  G  N
V  M  A  Z  C  Y  A  E  X  N  I  R  A  M  O  R
K  O  S  Y  F  B  J  I  B  D  L  F  U  H  N  J
T  N  E  I  D  É  R  G  N  I  U  E  Q  F  D  O
N  P  J  B  I  P  Y  K  G  E  C  N  A  R  R  O
C  H  I  C  R  J  E  U  M  N  H  O  N  N  M  M
B  A  S  I  L  I  C  R  I  C  C  U  E  H  O  R
X  L  Y  K  Y  E  F  L  S  H  E  I  T  X  U  E
A  F  P  L  V  E  R  T  X  I  Q  L  H  J  O  Y
B  É  N  É  F  I  Q  U  E  S  L  T  H  Y  M  O
A  R  O  M  A  T  I  Q  U  E  L  A  R  B  Z  W
```

AROMATIQUE	CULINAIRE
BASILIC	LAVANDE
FLEUR	MARJOLAINE
ANETH	PERSIL
ESTRAGON	QUALITÉ
FENOUIL	ROMARIN
JARDIN	SAFRAN
SAVEUR	THYM
VERT	BÉNÉFIQUE
AIL	INGRÉDIENT

80 - Aktivitäten und Freizeit

```
E E H W A A O F V Z P O V Q Y U
T Y S W Q N B M E F L O G H P Y
L L A B Y E L L O V O T G G K D
L F P S C T I P B G N I P M A C
A E S U U E O T K X G B R R B S
B R U R L N F D P J É C U K T V
T U T F B N B O X E E S R U O C
E T N U B I B F M L J L J J D R
K N A D W S T A H C A B F L F A
S I X D A C D X S D W U S G O N
A E A A T Y W L B E Q U D S O D
B P L O N Z P H K D B X G B T O
G F E P H E X Ê F C M A W K B N
Y S R N A G E R C M Q L L K A N
V O Y A G E X J S H P U I L L É
J A R D I N A G E V E M T O L E
```

PÊCHE   GOLF
BASE-BALL   ART
BASKET-BALL   VOYAGE
BOXE   COURSE
CAMPING   NAGER
ACHATS   SURF
RELAXANT   PLONGÉE
FOOTBALL   TENNIS
JARDINAGE   VOLLEY-BALL
PEINTURE   RANDONNÉE

81 - Formen

```
R Y J O M G J C L Z K T C E W N
C V O B T D H Ô S S Q N E T U Z
R U Q K Z P P T S D Y M R D K J
E K B C S J S É R R A C C J C T
C T K E N O G Y L O P P L M Ô Z
T C R M W F W N I B S K E T N P
A H S S V L Y E L L I P S E E W
N V V I T R I A N G L E Q A K L
G D A R V O W C E I A K L K V I
L D M P P M Q Z M B O S I J P G
E R D N I L Y C L Y E C K S W N
C O U R B E L O B R E P Y H O E
O N Z F E W L A R C Q N W Z V K
P Y R A M I D E Y I E Y D U A S
X M M L Y B P L Y D B Y Z H L V
R O N D S U M Z C N B A E P E C
```

ARC	OVALE
TRIANGLE	POLYGONE
COIN	PRISME
ELLIPSE	PYRAMIDE
HYPERBOLE	CARRÉ
BORDS	RECTANGLE
CÔNE	ROND
CERCLE	CÔTÉ
COURBE	CUBE
LIGNE	CYLINDRE

82 - Musik

```
C B X C F E I D O L É M A O J M
W G G H Y U R Q E L Z A C P N Y
V Y D Œ K Q N I Q T Y Y I É T H
M I E U Q I S S A L C R M R N Z
U S U R E T N A H C X K I A E X
S V Q E I É P E X B C J Q Q M M
I U I S N O Z P A L B U M A U H
C C N I O P M E T Q J D X H R E
A Q O V M I C R O P H O N E T U
L N M O R B B V G U Y V E M S Q
L B R R A N A U P M F R I H N I
P Z A P H D X L H J J R C T I M
E S H M B A W N L T N A I Y J H
N U K I R U E T N A H C S R Y T
U S L C M L T B W X D W U I L Y
H W A A C Z R O L D Y E M V H R
```

ALBUM
BALLADE
CHŒUR
HARMONIE
HARMONIQUE
IMPROVISER
INSTRUMENT
CLASSIQUE
LYRIQUE
MÉLODIE

MICROPHONE
MUSICAL
MUSICIEN
OPÉRA
POÉTIQUE
RYTHMIQUE
RYTHME
CHANTEUR
CHANTER
TEMPO

83 - Antiquitäten

```
Q U H I L I O A Z W A C M T S G
X U O J I B C O N D I T I O N F
S U A G G T U M L D Q A D I K T
E C R L F K I G R Z O G C Y B G
L E U T I B A H N I O W V I A A
J P E L Y T S E R U T N I E P L
F R L H P F É N N O I S S A P E
L I A D U T N A G É L É L E M R
V X V L X R U V B L U M H J E I
V I B R G A P R U D A K L D U E
V K E U Q I T N E H T U A T B L
H A L U D É C O R A T I F A L C
K G C V X Z R P P I È C E S E I
U E È J X G X U R N E S A A S T
Z A I C Z O L S V J Y W C D B R
L K S Y E H L P T E Y E R M P A
```

VIEUX
ARTICLE
AUTHENTIQUE
DÉCORATIF
ÉLÉGANT
PASSIONNÉ
GALERIE
PEINTURES
SIÈCLE
ART

MEUBLES
PIÈCES
PRIX
QUALITÉ
BIJOUX
SCULPTURE
STYLE
INHABITUEL
VALEUR
CONDITION

84 - Adjektive #2

```
F N E S A U V A G E N W B C F B
S I A R F B Z S O T W E W A O D
A A E T X E Y M F K C R J R R E
N S A R U P R O D U C T I F T S
A V Z Z E R B È L É C É F Y D C
E P V U I E E T H B E L L V R R
F A I M N L U L C Q L É U D A I
S A L É T B A Q O D B G H Z M P
C L A R É I E N I Q A A L Q A T
X B M P R T V O Q T S N U C T I
I S R I E S U V J V N T P R I F
G R O O S E O K K W O E A É Q B
U E N X S M N S S M P D H A U N
H S K I A O M L O C S A V T E N
R G J S N C V T C S E B S I U J
C Z L F T J U R U G R E V F D A
```

AUTHENTIQUE
CÉLÈBRE
DESCRIPTIF
DRAMATIQUE
ÉLÉGANT
COMESTIBLE
FRAIS
SAIN
FAIM
INTÉRESSANT

CRÉATIF
NATUREL
NOUVEAU
NORMAL
PRODUCTIF
SALÉ
FORT
FIER
RESPONSABLE
SAUVAGE

85 - Kleidung

```
I  W  B  B  G  R  P  V  N  N  M  K  C  V  E  J
R  E  I  L  L  O  C  Y  B  C  X  Y  H  T  V  U
F  R  J  C  R  J  B  R  J  S  T  E  A  Z  X  P
J  U  O  B  H  R  J  O  I  A  J  Y  P  O  L  E
A  S  U  G  Z  E  K  B  E  B  M  D  E  Q  N  T
V  S  X  E  S  I  M  E  H  C  U  A  A  K  J  I
J  U  E  R  U  T  N  I  E  C  R  L  U  Z  R  D
P  A  N  T  A  L  O  N  S  T  A  B  L  I  E  R
Y  H  S  O  E  L  Z  Q  V  I  V  E  S  T  E  X
D  C  T  G  T  U  T  O  O  Y  E  G  M  K  D  P
V  L  J  R  N  P  J  E  A  N  S  R  M  G  S  X
Y  A  O  E  A  Z  R  G  B  E  Y  S  V  V  J  C
M  C  E  G  M  B  R  A  C  E  L  E  T  I  D  S
O  F  P  I  J  J  K  N  L  I  C  N  E  N  G  W
D  R  A  L  U  O  F  N  D  I  E  E  R  V  A  D
E  S  J  W  T  Y  C  B  E  V  E  Q  W  J  E  G
```

BRACELET	ROBE
CHEMISIER	MANTEAU
CEINTURE	MODE
COLLIER	PULL
GANTS	JUPE
CHEMISE	FOULARD
PANTALON	PYJAMA
CHAPEAU	BIJOUX
VESTE	CHAUSSURE
JEANS	TABLIER

86 - Haus

```
P L A F O N D T O I T Y B I C Z
B C L Ô T U R E A N W O D Q L K
B I L S G A B O C G A R A G E A
H A B E R E I N E R G Q H W P C
L L B L E É N I M E H C S W Z P
F A H B I R K M W P E O T Z A O
W B G U L O A R C U I S I N E R
M N N E A W T M U R X E Y I P T
C I W M C O E H C U O D C D M E
H V R C S É L C È K F C U R A U
A H Z O E N G O W Q O A P A L H
M O F U I Q F L M I U H P J S X
B G Q H Z R C O F B M E Y K O T
R A R L Z G X F E N Ê T R E W Q
E P F C T S G U Y G X S P S E J
Q B F A C V T C K H J H E I C O
```

BALAI	CUISINE
BIBLIOTHÈQUE	LAMPE
TOIT	MEUBLES
GRENIER	CLÉS
PLAFOND	MIROIR
DOUCHE	ESCALIER
FENÊTRE	PORTE
GARAGE	MUR
JARDIN	CLÔTURE
CHEMINÉE	CHAMBRE

87 - Bauernhof #1

```
G E R F C M L N H S J P C B G J
C V M E H R N N C U B G S P X J
I D F O X I T V B H T H Q V D U
V A S S L B M Z P V E H C A V C
T E L U O P P H V E R V È H C L
A L A Z R Y O A T N U X A U K Ô
H L R U A E I M Z A T L Z L R T
C I A A B I Y A B L L E I M W U
C E L E I T B E M H U D R E L R
C B T B I D J U F T C Â N E W E
H A N R N C O U O S I A R G N E
I I M O N M V K I E R R E T P P
E Z Z C H M O F N Y G C H A M P
N V T D O C M V F G A G O Y S X
E G A P I Q O K I J G G Q B I I
L V H O Q F K C A S X J J A M Y
```

ABEILLE	CORBEAU
ENGRAIS	VACHE
ÂNE	TERRE
CHAMP	AGRICULTURE
FOIN	CHEVAL
MIEL	RIZ
POULET	COCHON
CHIEN	EAU
VEAU	CLÔTURE
CHAT	CHÈVRE

88 - Regierung

```
F N P S R O C D T I R T G T J L
N S R U O C S I D R E A G T Z U
D A Y K S X D U G G X B B B G B
I É T M D O S J H S P Y S Q E B
S G A I B X Q C D D E F U Y C F
T A T B O O D É M O C R A T I E
R L É A N N L A N O I T A N T U
I I T L O I K E L R G J C E S Q
C T R Z O X N M J W R E I M U I
T É E L B I S I A P Q W V U J T
L Z B B L L L E A D E R I N T I
Z K I Q H U D R O I T S L O L L
E F L L P R J S L C Q C E M U O
D I S C U S S I O N G Y L P H P
C O N S T I T U T I O N J W Q Y
I N D É P E N D A N C E X U W G
```

DISTRICT	NATION
DÉMOCRATIE	NATIONAL
MONUMENT	POLITIQUE
DISCUSSION	DROITS
LIBERTÉ	DISCOURS
PAISIBLE	ÉTAT
LEADER	SYMBOLE
JUSTICE	INDÉPENDANCE
LOI	CONSTITUTION
ÉGALITÉ	CIVIL

89 - Berufe #1

```
P K P C O M P T A B L E E C P C
F L C I M É C A N I C I E N Q A
S U O Z A Q A H Z I R V K C P R
I P O M Q N P T W A U P I H O T
D K C K B J I T R U E S N A D O
T I L A A I F S U X D Y E S V G
H X Y R I K E N T L A C C S É R
Z D T X F W N R H E S H A E T A
A S T R O N O M E F S O N U É P
K D M E E T S I T R A L A R R H
X J W O K I M K H N B O V N I E
U F O W W D U B A W M G O X N Z
A H K K V S H Q R Q A U C Q A A
G É O L O G U E N Z P E A P I X
K M U S I C I E N A X W T D R M
W G Q M É D E C I N B Z I X E H
```

MÉDECIN
ASTRONOME
BANQUIER
AMBASSADEUR
COMPTABLE
GÉOLOGUE
CHASSEUR
CARTOGRAPHE
PLOMBIER

ARTISTE
MÉCANICIEN
MUSICIEN
PIANISTE
PSYCHOLOGUE
AVOCAT
DANSEUR
VÉTÉRINAIRE

90 - Adjektive #1

```
U O I M P O R T A N T Q A Q D S
N R O D B R J I C H M S E Z Y H
A E U Q I T N E D I F N E U R W
Z U L O S B A U B B S U J F K Z
Q Q S É C N O F I T C A L W S F
A I Y H N F Q F Q M M E C N I M
Q T N E L O X R W L O B Y C S K
V A T I A F R A P P R D I Q A Q
K M M R V L P M L R N R E Y V T
Q O Y M A Z T O E V Z U T R J X
R R E S Q C I G X U U O Ê Q N U
B A Q Y Y K T K E M Z L N M K E
X O Q G X U E I C É R P N E V R
P R O F O N D Y F X S W O H Z U
I N N O C E N T L Y O C H P C E
A R T I S T I Q U E Z Q T H W H
```

ABSOLU	LENT
ACTIF	MODERNE
AROMATIQUE	PARFAIT
ATTRACTIF	ÉNORME
FONCÉ	BEAU
MINCE	LOURD
HONNÊTE	PROFOND
HEUREUX	INNOCENT
IDENTIQUE	PRÉCIEUX
ARTISTIQUE	IMPORTANT

91 - Geometrie

```
G E U Q I G O L A Z K Q N X H U
S U R F A C E I R O É H T C W U
X P É T T R I A N G L E L G N A
H R Q W È P X L K S E S H W S S
A O U K P M P F G X L S O F T D
U P A S A Y A D P Y L A R W F W
T O T B R N O I S N E M I D A L
E R I C A S O J D V O J L L U G
U T O A L Y H O R I Z O N T A L
R I N L L M S C E B R U O C D G
A O L C È É F E E Y T V O A C P
H N J U L T D H G R F M Q R S F
C E B L E R L I D M C Z R R S V
V Y Q G B I R P M P E L I É D L
Y Z V G K E R B M O N N E Z J S
B X O R V K M G I O Q C T I J H
```

PROPORTION   LOGIQUE
CALCUL   MASSE
DIMENSION   NOMBRE
TRIANGLE   SURFACE
DIAMÈTRE   PARALLÈLE
ÉQUATION   CARRÉ
HORIZONTAL   SEGMENT
HAUTEUR   SYMÉTRIE
CERCLE   THÉORIE
COURBE   ANGLE

92 - Jazz

```
C O M P O S I T E U R V L R T I
L E R L I O V V R B K I V B W R
V R H Z R U L I B G D E Z T T N
W Y N X I C H D È X J U I R S T
V T N M M E B B L T Z X H R A E
S H T Y A H N B É O Z M X U G C
C M T A L T P H C N Q F L F J H
O E K L M U S I C I E N S U B N
T A J B T P X G A R T I S T E I
R A Q U Z Q D H E N R A I S Z Q
E L L M Z O J Y O N O Y R O F U
C W L E U Q I S U M R U O L W E
N X O L N X Y R E G C E V O S W
O Q U Y C T S I E S X P A E U D
C E R T S E H C R O P W F V A V
J W C S C H A N S O N S Z E A U
```

ALBUM
VIEUX
CÉLÈBRE
FAVORIS
GENRE
COMPOSITEUR
CONCERT
ARTISTE
CHANSON

MUSIQUE
MUSICIENS
NOUVEAU
ORCHESTRE
RYTHME
SOLO
STYLE
TALENT
TECHNIQUE

93 - Mathematik

```
R U J B F Q T G N J Z X R F C J
P A Y T E I R T É M Y S K O A W
O C Y T A H I Y N O I T C A R F
L I N O I T A U Q É M N B R R B
Y R A S N W N T N E X É W N É W
G C R P N P G I W H V D T Q Y D
O O I H O E L G N A T C E R V I
N N T È M R E E A T B T X R I G
E F H R B T L V V N J H I D C E
M É M E R È È O O A G J Q E R G
S R É A E M L O L S C L J E R V
O E T L S A L P U O P B E Q I I
M N I W D I A A M P H H P S D A
M C Q S U D R F E X U Z V J H U
E E U N F O A V R E B V Q V G S
Q B E G S P P D É C I M A L R P
```

ARITHMÉTIQUE
FRACTION
DÉCIMAL
TRIANGLE
DIAMÈTRE
EXPOSANT
GÉOMÉTRIE
ÉQUATION
SPHÈRE
PARALLÈLE

POLYGONE
CARRÉ
RAYON
RECTANGLE
SOMME
SYMÉTRIE
CIRCONFÉRENCE
VOLUME
ANGLES
NOMBRES

94 - Messungen

```
H O N W A B F L K D É C I M A L L
L A M I N U T E I F S Y M K C I
L K U I Z N Z M Y T M L È I E G
C A T T Y M K M N O R W T L N Q
A Y E N E M M A R G U E R O T H
T I G U C U W R L Q E U E M I E
D P O I N R R G I O D V F È M E
E X L Z O H U O S S N W F T È D
S T O N N E E L W I O G X R T O
D E G R É S G I N C F E U E R F
P T C J K S R K D L O D M E E S
O C K C M A A Q P O R J P C U Y
I O C U X M L Q E U P C C U P R
D L P R A N Y V O L U M E O U G
S N G Q F W T T W Q F T F P H Y
X Z T L L Y Q Q Y C X U E Z C L
```

LARGEUR	LITRE
OCTET	MASSE
DÉCIMAL	MÈTRE
POIDS	MINUTE
DEGRÉ	PROFONDEUR
GRAMME	TONNE
HAUTEUR	ONCE
KILOGRAMME	VOLUME
KILOMÈTRE	CENTIMÈTRE
LONGUEUR	POUCE

95 - Boxen

```
C G É P U I S É W S E H Z J R Y
E O A I R J Q S H T L L L S Y Z
J K N N O I T A R É P U C É R M
Q W R C T N A T T A B M O C R A
R S V Q E S C O M P É T E N C E
C F Y L C N N I N M B R O U J L
Q O A F R M T P O I N T S F C V
U A R N O Z E R I A S R E V D A
C A J D F W U S E H C O L C O C
H T W X E Y Q F R R P O I N G O
C O I N C S F H T C O U P H Q R
N P Y P R R A P I D E R S M S P
R M E N T O N W B O F T V L B S
Q M S F W R K K R V B Y D P V D
O O A L L X N Z A M H F D S Q J
B L E S S U R E S G X C O U D E
```

COIN	COUP
COUDE	MENTON
ÉPUISÉ	CORPS
POING	POINTS
COMPÉTENCE	RÉCUPÉRATION
CONCENTRER	ARBITRE
ADVERSAIRE	RAPIDE
CLOCHE	CORDES
GANTS	FORCE
COMBATTANT	BLESSURES

96 - Psychologie

```
C P P E R C E P T I O N S T G R
X O E S E N S A T I O N U H I Ê
T G N N O I T I N G O C B É N V
D E S F S E É D I O L C C R C E
S C C N L É J B G O Q R O A O S
X Z N K J I E V H B E B N P N I
U K G L I U T S T W P M S I S N
C O M P O R T E M E N T C E C F
É V A L U A T I O N P C I R I L
E S U O V Z E D N E R L E É E U
U N J J J G L Q B C O I N A N E
N Y F K P S L C E T B N T L T N
F U Z A I F T K Y N L I U I V C
Y Q G M N K T U S Q È Q F T E E
P N Q D T C K Y L W M U W É M S
A C H P G Q E K T H E E F R D L
```

ÉVALUATION
INCONSCIENT
EGO
INFLUENCES
PENSÉES
IDÉES
ENFANCE
CLINIQUE
COGNITION
CONFLIT

PROBLÈME
SENSATION
RENDEZ-VOUS
THÉRAPIE
RÊVES
SUBCONSCIENT
COMPORTEMENT
PERCEPTION
RÉALITÉ

97 - Bauernhof #2

```
B T J T I U R F S G P U J G A D
P L R R W S M J S L P S Y R G Y
N L É A G K C M G D R Û M A R Z
B H K C L X N S I F É T K N I A
E Y A T F É C A N A R D M G C V
B W L E O O G R X I C O E U E R
R E N U T O O U Z B D P U F L G
M H R R D T X A M A L X T O T Y
U C M G H E Y E W E G R O T E I
M U N Y E X S N M A Ï S N T U T
S R C P P R E G R E V I E R R C
B V W N O I T A G I R R I F V J
L A I T N E V À N I L U O M U N
N P N L J P D H S U Z V M U O X
K T K R Z Z Q P H E N Q Y I F X
D A S Z J Y P D X U T L L G J S
```

AGRICULTEUR
IRRIGATION
RUCHE
CANARD
FRUIT
LÉGUME
ORGE
LAMA
AGNEAU
MAÏS

LAIT
VERGER
MÛR
MOUTON
BERGER
GRANGE
TRACTEUR
BLÉ
PRÉ
MOULIN À VENT

98 - Berufe #2

```
S P E R R U E H C R E H C P L P
I L L U S T R A T E U R H H I I
P E I N T R E I R T J U I I N L
D É T E C T I V E S O E R L G O
R A Q F A T R R I I U I U O U T
K I W D O F E Z N G R N R S I E
A P S H T U A N I O N É G O S H
F G X F E O U W D L A G I P T P
I N V E N T E U R O L N E H E A
N G S E D O M I A I I I N E A R
B M K B F P F É J B S Y J E T G
D E N T I S T E D A T A E Z C O
A E A L F T H S E E E A O X X T
P O L I T I C I E N C A T Z K O
A S T R O N A U T E S I N D V H
Q U T Y T N A N G I E S N E N P
```

MÉDECIN   INGÉNIEUR
ASTRONAUTE   JOURNALISTE
BIOLOGISTE   ENSEIGNANT
CHIRURGIEN   LINGUISTE
DÉTECTIVE   PEINTRE
INVENTEUR   PHILOSOPHE
CHERCHEUR   PILOTE
PHOTOGRAPHE   POLITICIEN
JARDINIER   DENTISTE
ILLUSTRATEUR

99 - Wetter

```
B R O U I L L A R D D R N E M P
Q T Z V M F K N D E R I K V Y Q
Y V O N Q P D P S X E B C G J N
H U E R U T A R É P M E T L E I
L N Q D N O S S U O M T J A F M
Y U W K N A G A R U O Ê K C C C
É C L A I R D C O X U P G E I A
V Z S U E G Z E C L I M A T E I
J L E I C N E C R A V E N T L C
Q B C S N T U T R R T T A I F U
P O L A I R E K J Q E G A U N P
Y E S S E R E H C É S N R B Z O
C F B U Q C B M T T H X N O S W
D K I N T R O P I C A L Z O B U
X G U C A S E R È H P S O M T A
Z H H Y R D O J E X V Z A P W H
```

ATMOSPHÈRE	BROUILLARD
ÉCLAIR	POLAIRE
BRISE	ARC-EN-CIEL
TONNERRE	TEMPÊTE
SÉCHERESSE	TEMPÉRATURE
GLACE	TORNADE
CIEL	SEC
OURAGAN	TROPICAL
CLIMAT	VENT
MOUSSON	NUAGE

100 - Chemie

```
C E Y Z A K S V C T X U U E E A
Q H B G E D I U Q I L K S R D L
W T A S D I O P E C I R F I C C
A F T L X N N R S A B M J A G A
D N F T E E N O R T C E L É C L
K G D U N U C U X A E L J L H I
A J Y F È Q R X D L R U W C L N
D Y T C G I T J W Y U C H U O H
Q H M I Y N L V A S T É Y N R J
J Q D U X A E D V E A L D O E T
N L P O O G D N C U R O R I S U
H T F K M R I W Z R É M O T E F
X K M N G O C V Y Y P U G C L R
J G O T A A A W I Q M H È A Q S
T N J U D N Z H Q I E E N É X H
C A R B O N E H Y X T T E R C T
```

ALCALIN
CHLORE
ÉLECTRON
ENZYME
LIQUIDE
GAZ
POIDS
CHALEUR
ION
CATALYSEUR

CARBONE
MOLÉCULE
NUCLÉAIRE
ORGANIQUE
RÉACTION
SEL
OXYGÈNE
ACIDE
TEMPÉRATURE
HYDROGÈNE

1 - Gesundheit und Wellness #2

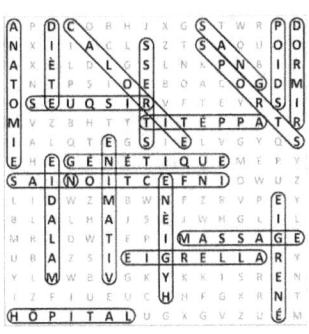

2 - Ozean

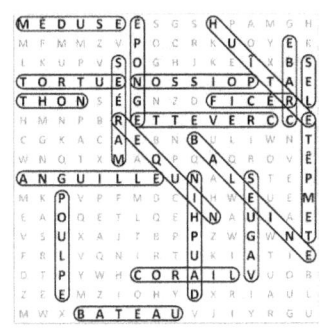

3 - Krankheit

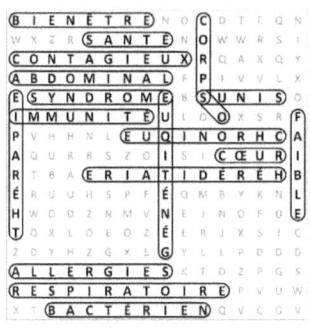

4 - Meditation

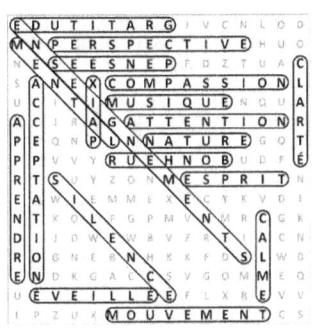

5 - Archäologie

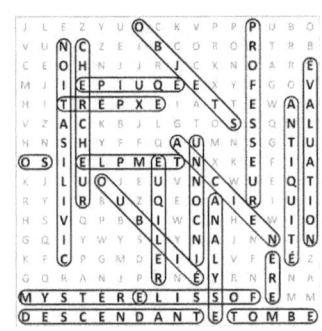

6 - Gesundheit und Wellness #1

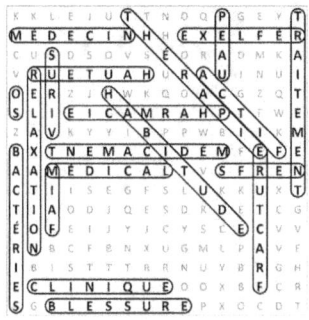

7 - Obst

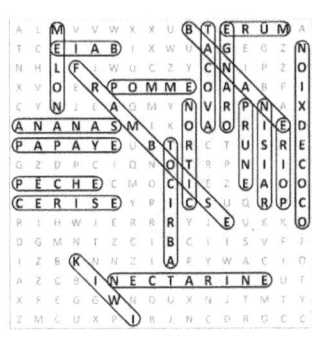

8 - Universum

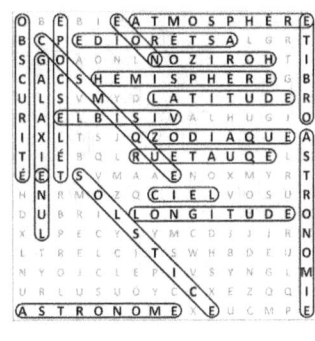

9 - Camping

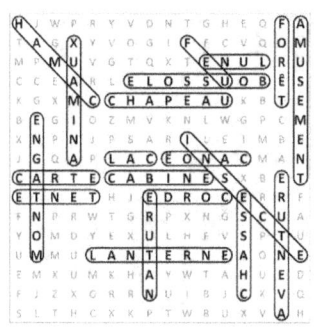

10 - Zeit

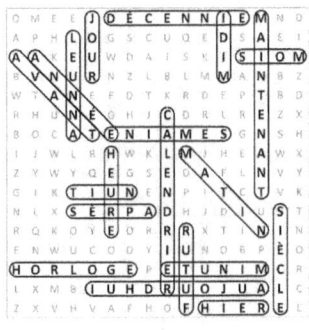

11 - Säugetiere

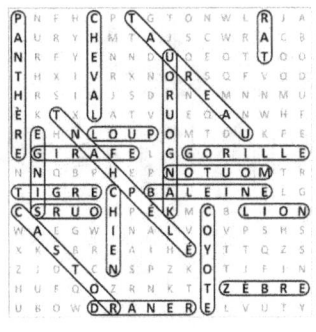

12 - Algebra

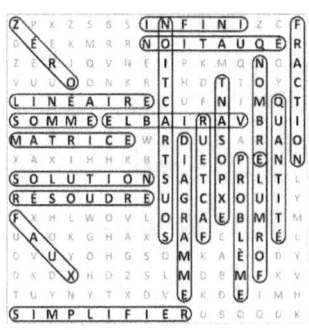

13 - Diplomatie

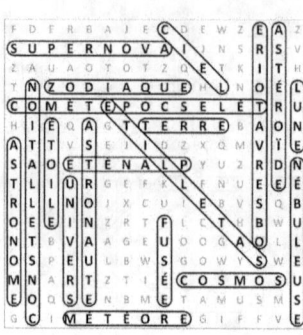

14 - Astronomie

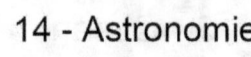

15 - Ballett

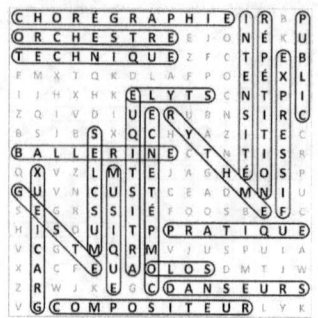

16 - Geologie

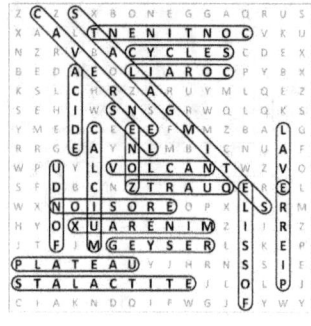

17 - Wissenschaft

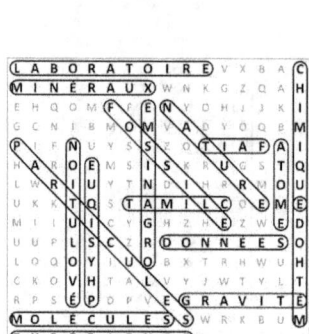

18 - Bildende Kunst

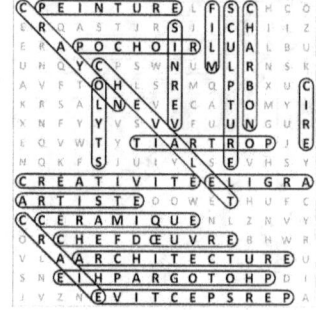

19 - Sport

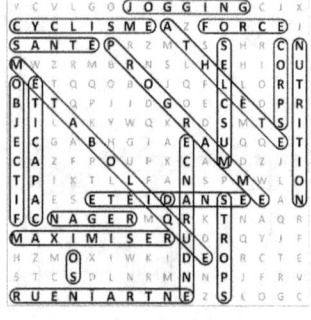

20 - Mythologie

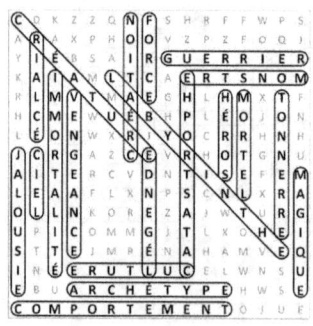

21 - Restaurant #2

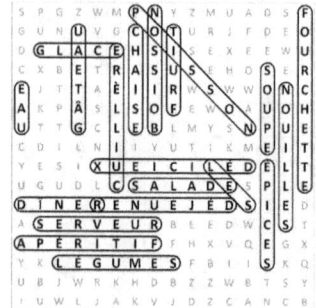

22 - Ökologie

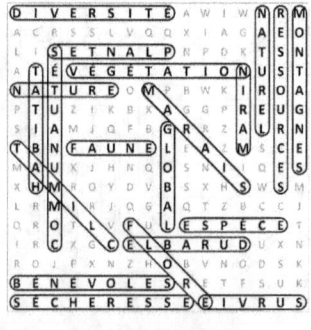

23 - Schokolade

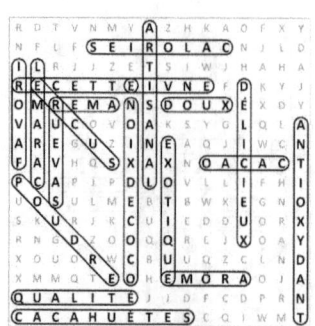

24 - Boote

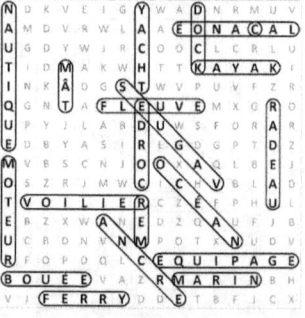

25 - Stadt

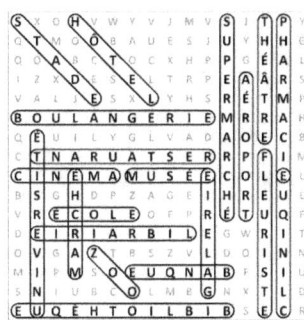

26 - Aktivitäten

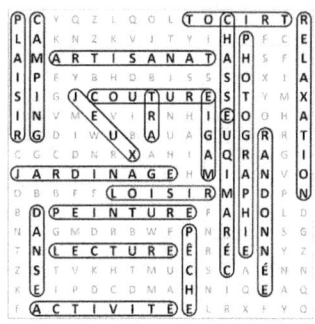

27 - Bienen

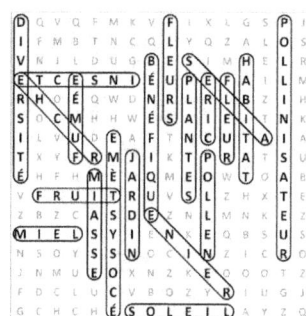

28 - Wissenschaftliche

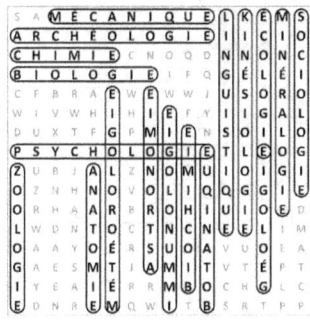

29 - Vögel

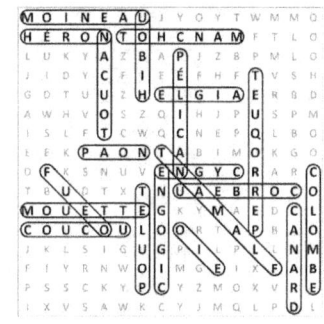

30 - Biologie

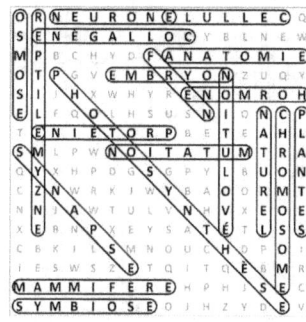

31 - Antarktis

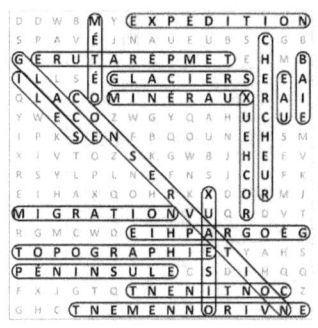

32 - Fahren

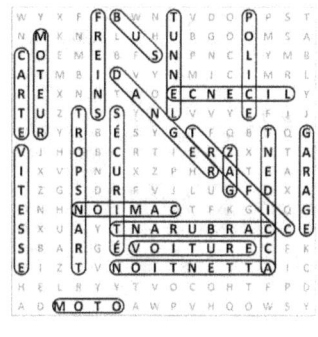

33 - Physik

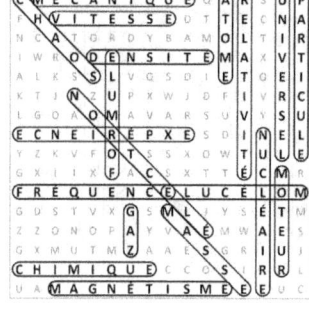

34 - Bücher

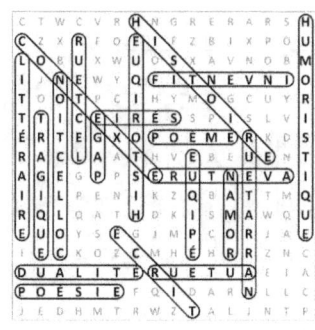

35 - Menschlicher Körper

36 - Agronomie

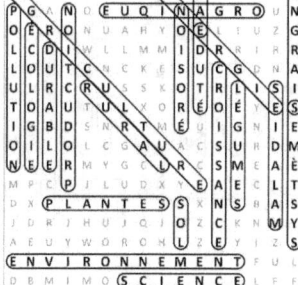

37 - Landschaften

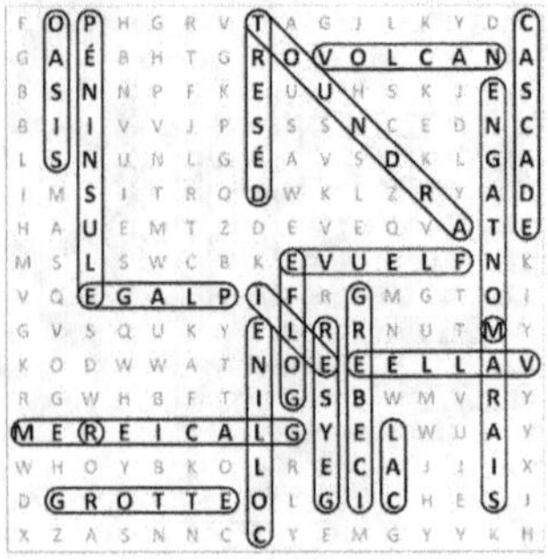

38 - Abenteuer

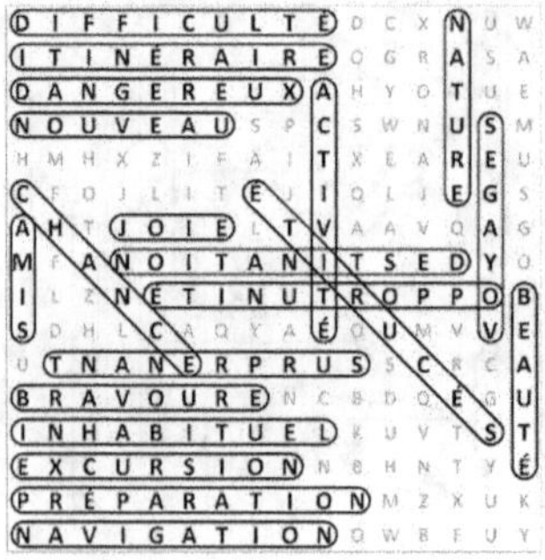

39 - Flugzeuge

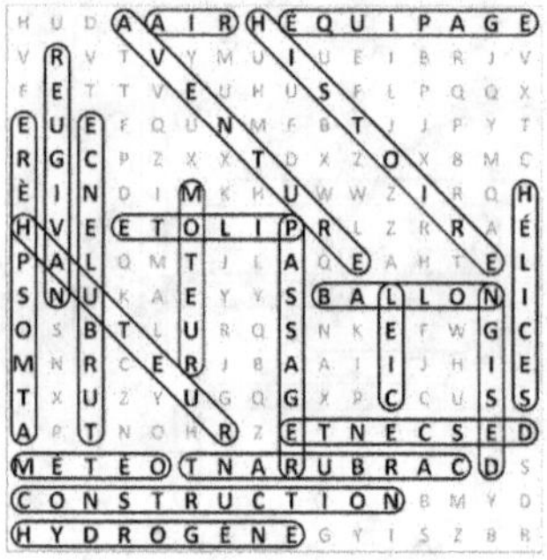

40 - Haartypen

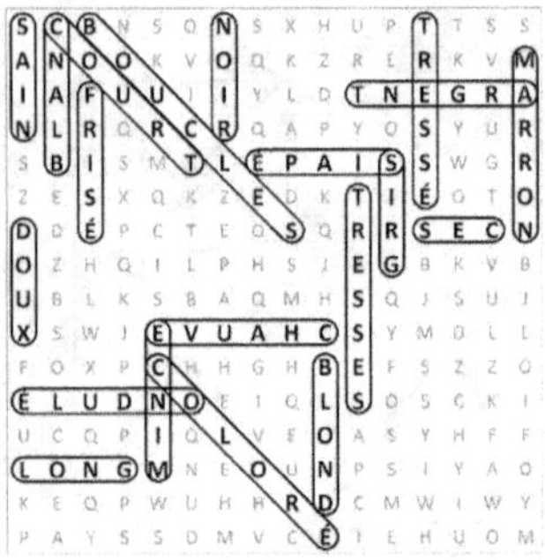

41 - Essen #1

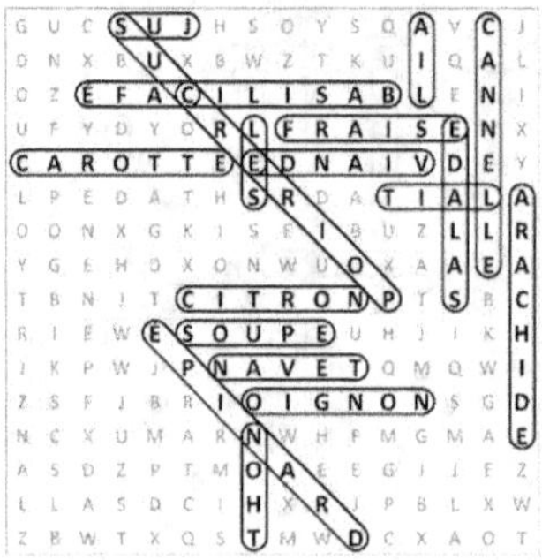

42 - Ethik

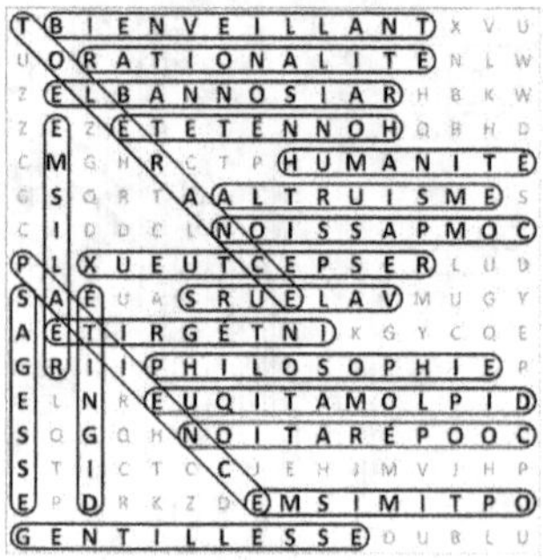

43 - Gebäude

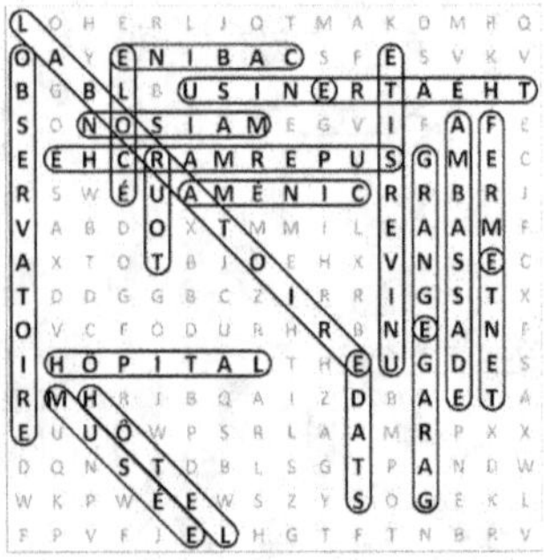

44 - Mode

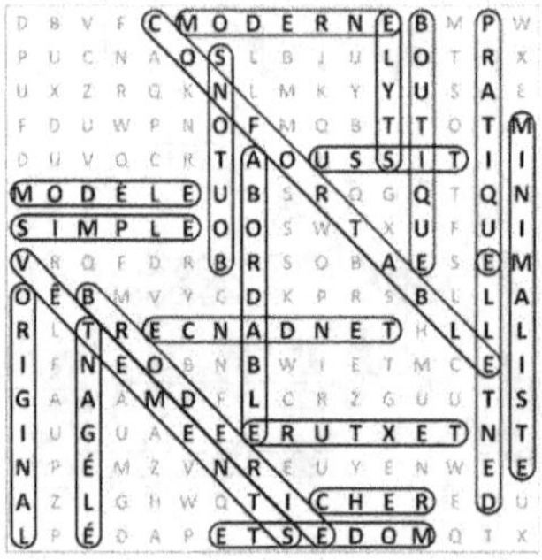

45 - Essen #2

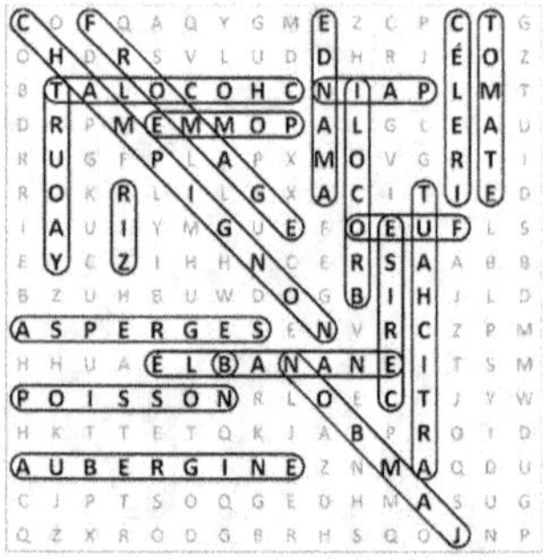

46 - Energie

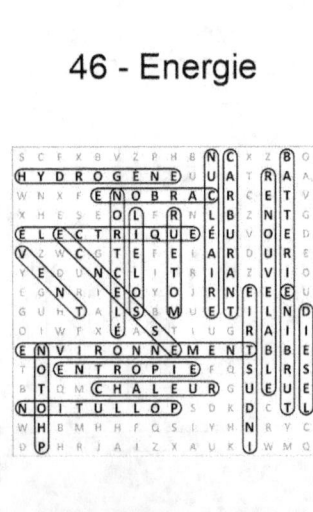

47 - Familie

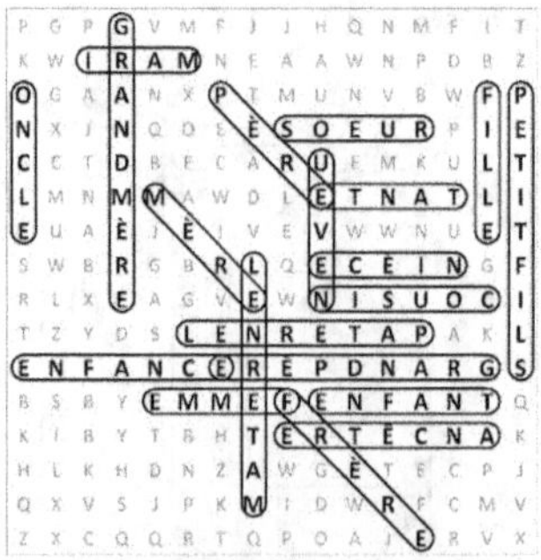

48 - Pflanzen

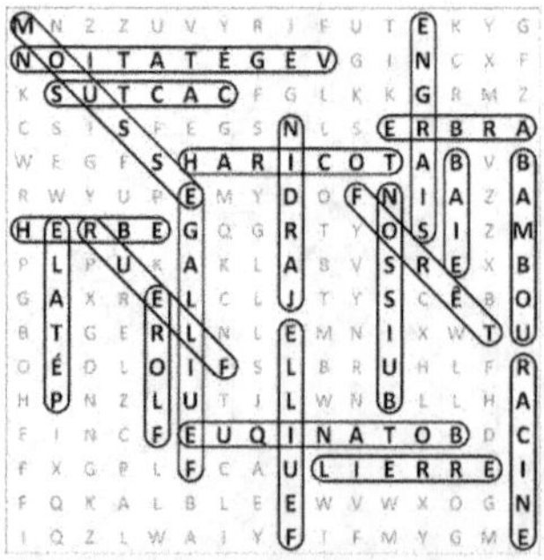

49 - Kunst

50 - Gewürze

51 - Kreativität

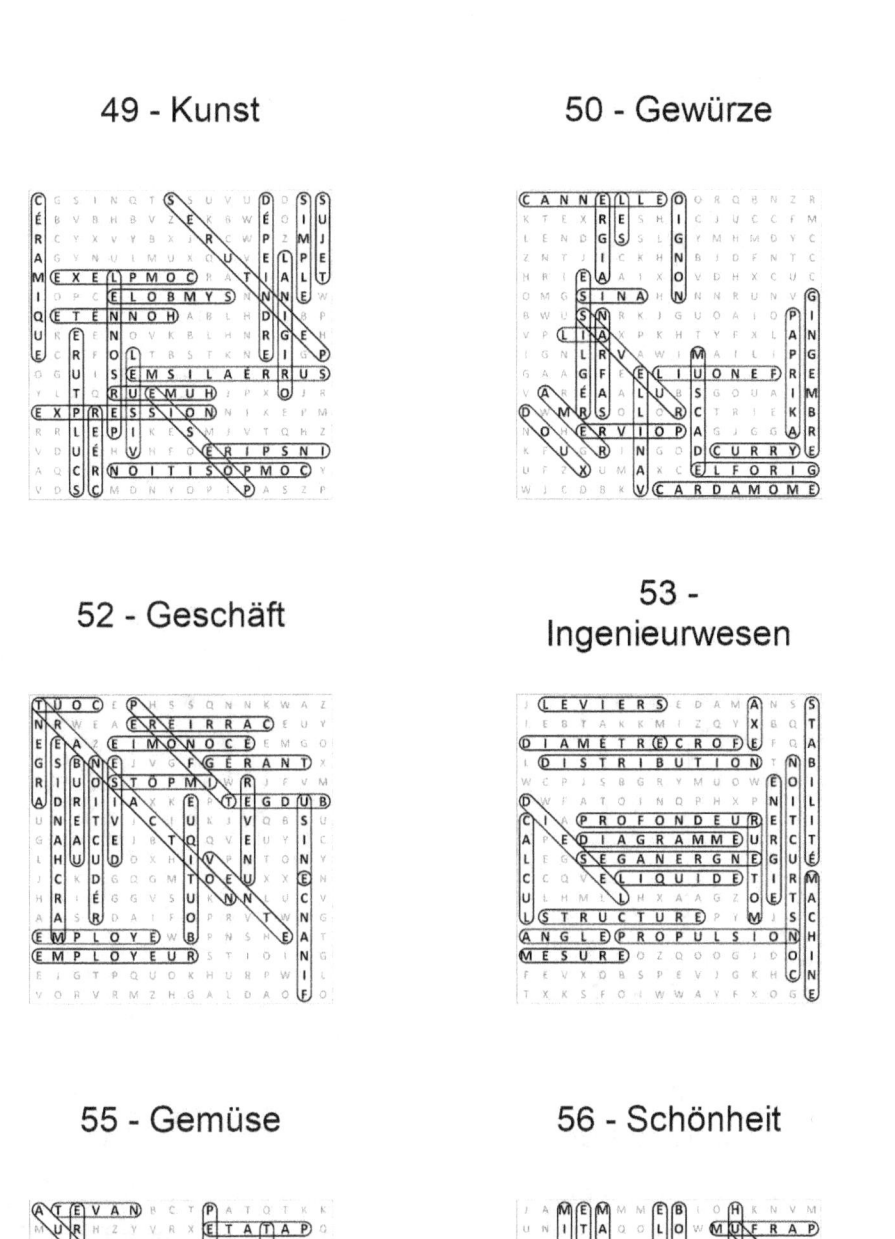

52 - Geschäft

53 - Ingenieurwesen

54 - Kaffee

55 - Gemüse

56 - Schönheit

57 - Tanzen

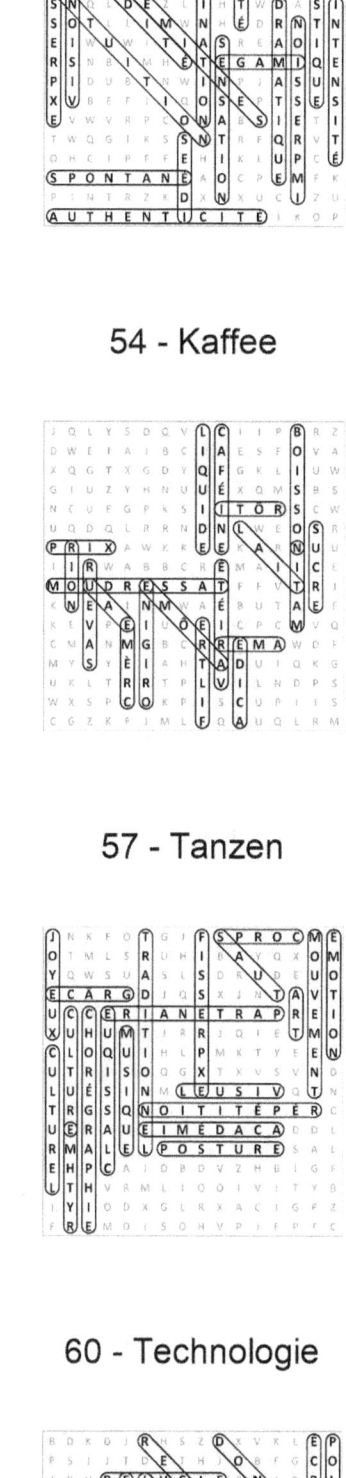

58 - Ernährung

59 - Länder #1

60 - Technologie

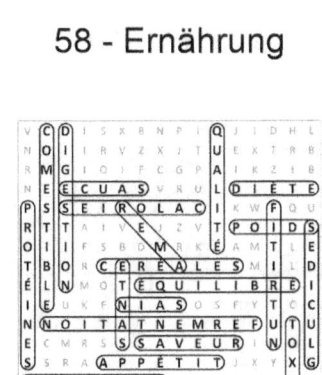

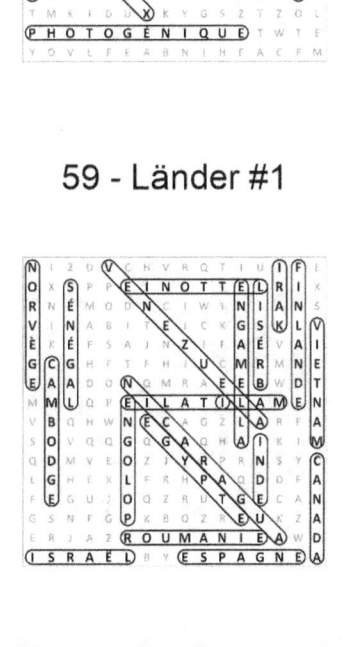

61 - Wasser

62 - Science Fiction

63 - Literatur

64 - Wandern

65 - Globale Erwärmung

66 - Länder #2

67 - Fahrzeuge

68 - Musikinstrumente

69 - Blumen

70 - Natur

71 - Urlaub #2

72 - Barbecues

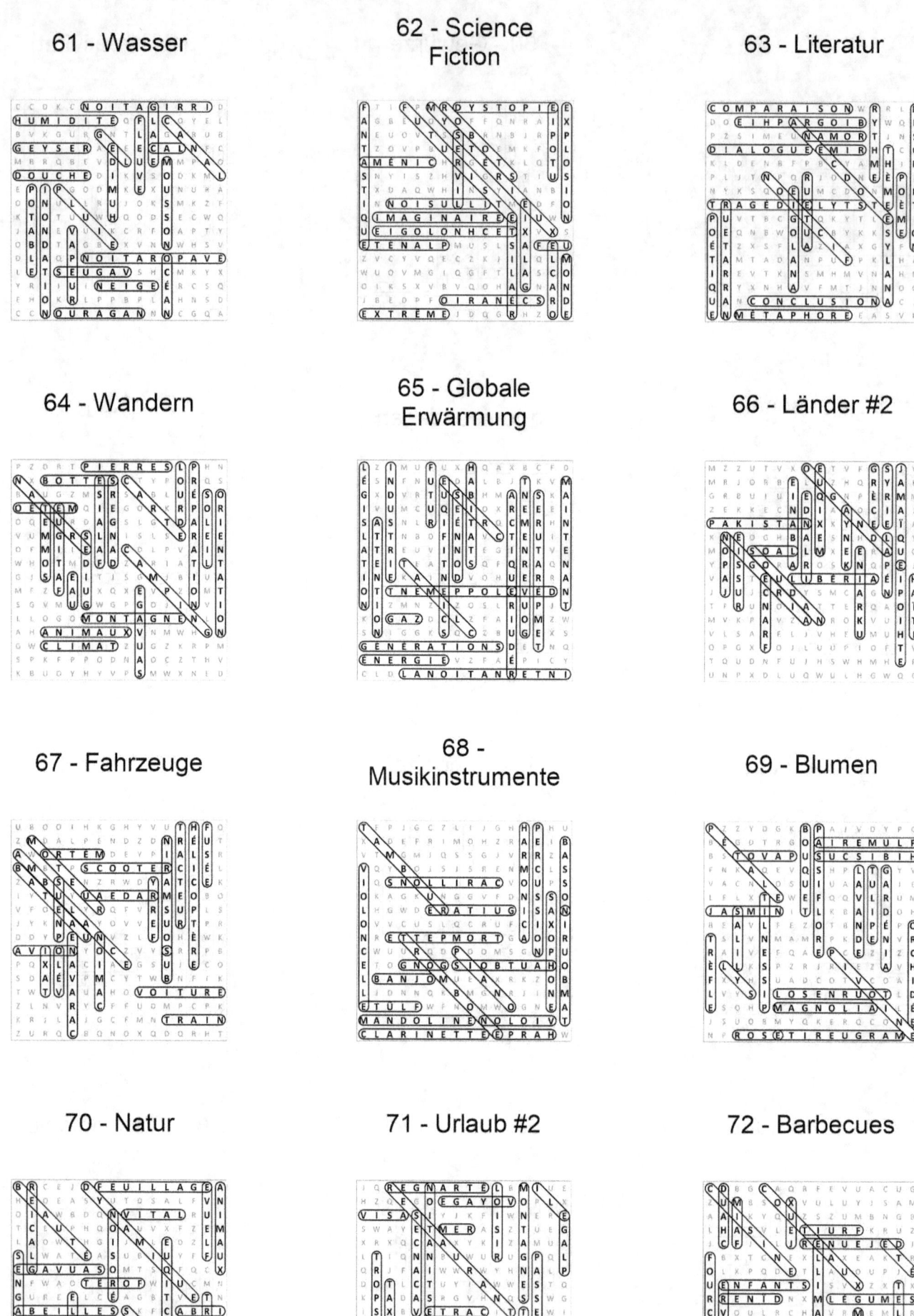

73 - Schach

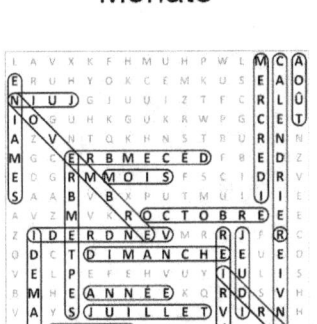

74 - Geographie

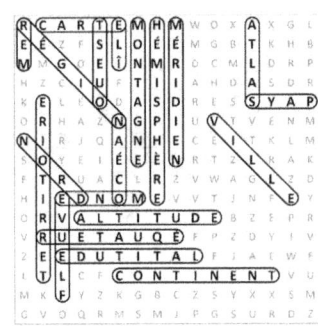

75 - Zahlen

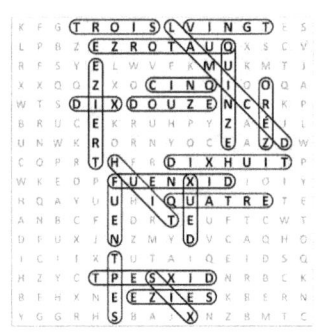

76 - Tage und Monate

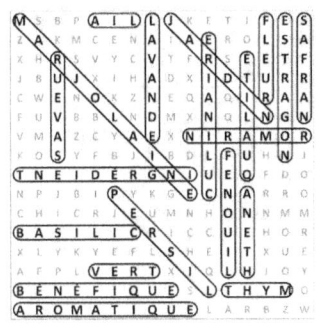

77 - Emotionen

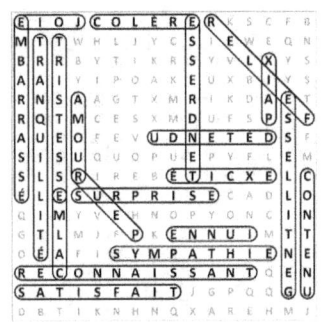

78 - Zu Füllen

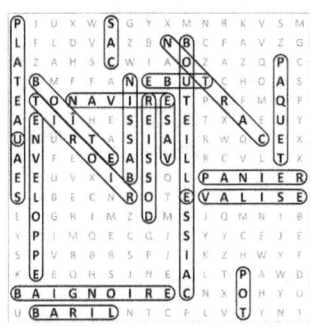

79 - Kräuterkunde

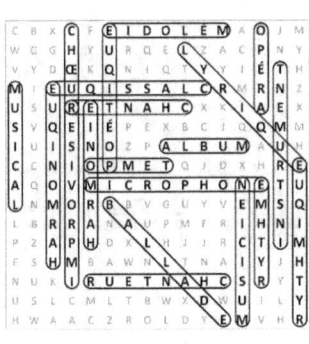

80 - Aktivitäten und Freizeit

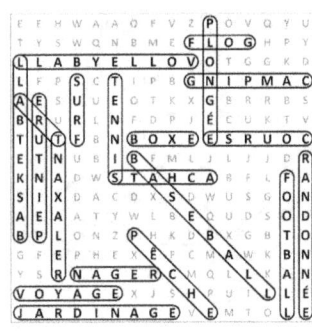

81 - Formen

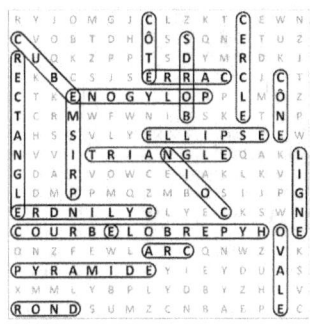

82 - Musik

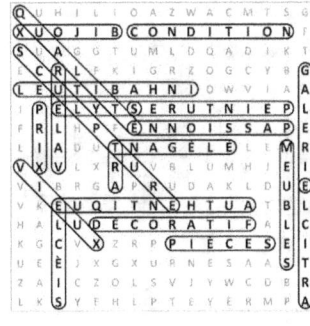

83 - Antiquitäten

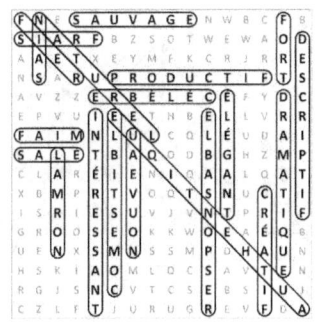

84 - Adjektive #2

85 - Kleidung

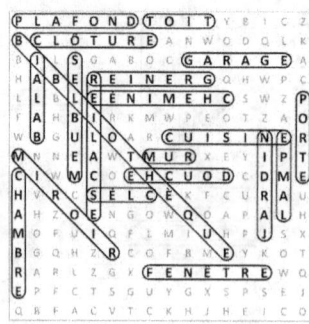

86 - Haus

87 - Bauernhof #1

88 - Regierung

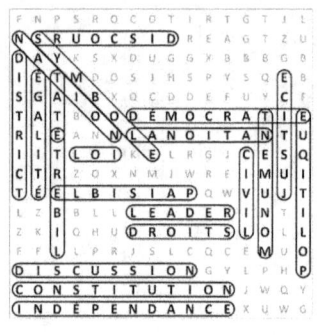

89 - Berufe #1

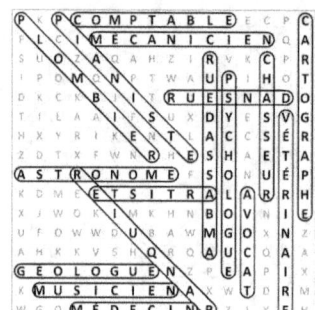

90 - Adjektive #1

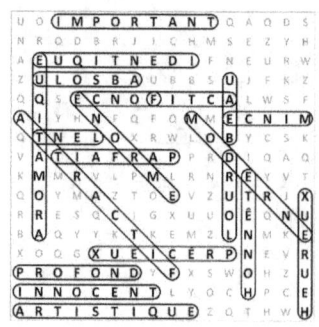

91 - Geometrie

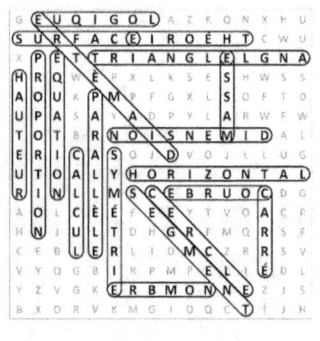

92 - Jazz

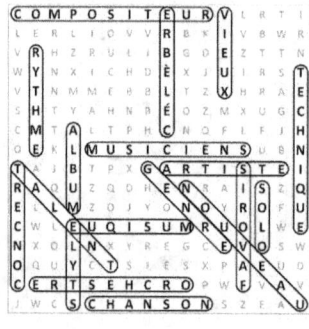

93 - Mathematik

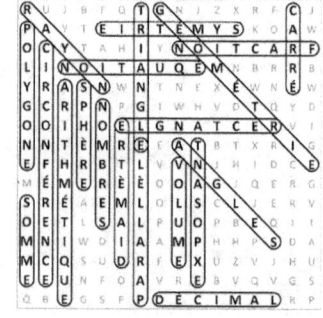

94 - Messungen

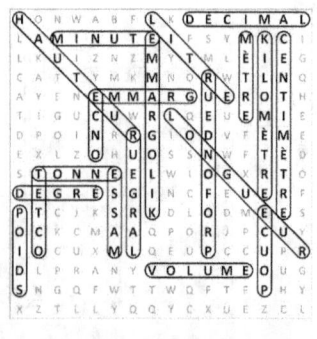

95 - Boxen

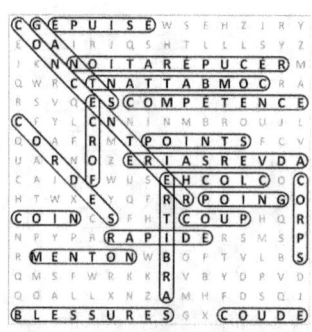

96 - Psychologie

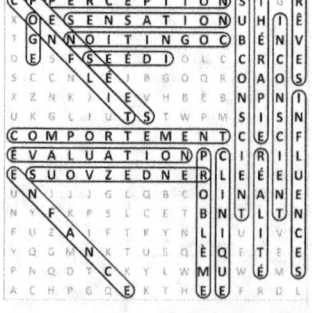

97 - Bauernhof #2

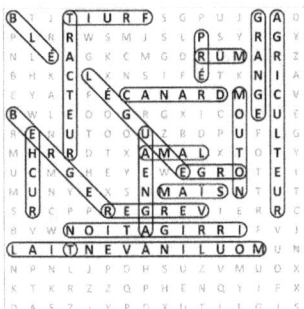

98 - Berufe #2

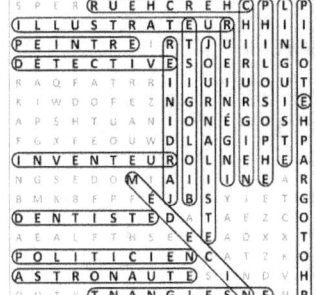

99 - Wetter

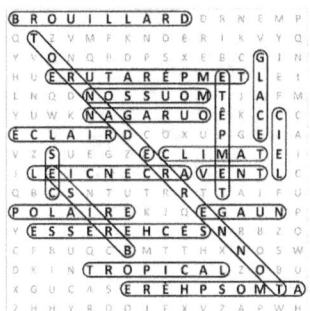

100 - Chemie

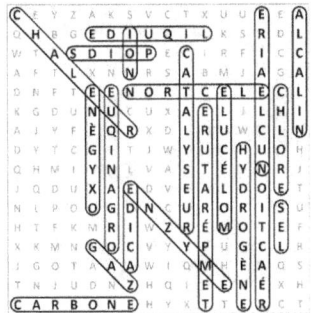

Wörterbuch

Abenteuer
Aventure

Aktivität	Activité
Ausflug	Excursion
Chance	Chance
Freude	Joie
Freunde	Amis
Gefährlich	Dangereux
Gelegenheit	Opportunité
Natur	Nature
Navigation	Navigation
Neu	Nouveau
Reisen	Voyages
Route	Itinéraire
Schönheit	Beauté
Schwierigkeit	Difficulté
Sicherheit	Sécurité
Tapferkeit	Bravoure
Ungewöhnlich	Inhabituel
Überraschend	Surprenant
Vorbereitung	Préparation
Ziel	Destination

Adjektive #1
Adjectifs #1

Absolut	Absolu
Aktiv	Actif
Aromatisch	Aromatique
Attraktiv	Attractif
Dunkel	Foncé
Dünn	Mince
Ehrlich	Honnête
Glücklich	Heureux
Identisch	Identique
Künstlerisch	Artistique
Langsam	Lent
Modern	Moderne
Perfekt	Parfait
Riesig	Énorme
Schön	Beau
Schwer	Lourd
Tief	Profond
Unschuldig	Innocent
Wertvoll	Précieux
Wichtig	Important

Adjektive #2
Adjectifs #2

Authentisch	Authentique
Berühmt	Célèbre
Beschreibend	Descriptif
Dramatisch	Dramatique
Elegant	Élégant
Essbar	Comestible
Frisch	Frais
Gesund	Sain
Hungrig	Faim
Interessant	Intéressant
Kreativ	Créatif
Natürlich	Naturel
Neu	Nouveau
Normal	Normal
Produktiv	Productif
Salzig	Salé
Stark	Fort
Stolz	Fier
Verantwortlich	Responsable
Wild	Sauvage

Agronomie
Agronomie

Boden	Sol
Dünger	Engrais
Energie	Énergie
Erosion	Érosion
Gemüse	Légumes
Krankheit	Maladies
Landwirtschaft	Agriculture
Ländlich	Rural
Nachhaltig	Durable
Organisch	Organique
Ökologie	Écologie
Pflanzen	Plantes
Produktion	Production
Studie	Étude
Systeme	Systèmes
Umwelt	Environnement
Verschmutzung	Pollution
Wachstum	Croissance
Wasser	Eau
Wissenschaft	Science

Aktivitäten
Activités

Aktivität	Activité
Angeln	Pêche
Camping	Camping
Entspannung	Relaxation
Fotografie	Photographie
Freizeit	Loisir
Gartenarbeit	Jardinage
Gemälde	Peinture
Jagd	Chasse
Keramik	Céramique
Kunst	Art
Kunsthandwerk	Artisanat
Lesen	Lecture
Magie	Magie
Nähen	Couture
Spiele	Jeux
Stricken	Tricot
Tanzen	Danse
Vergnügen	Plaisir
Wandern	Randonnée

Aktivitäten und Freizeit
Activités et Loisirs

Angeln	Pêche
Baseball	Base-Ball
Basketball	Basket-Ball
Boxen	Boxe
Camping	Camping
Einkaufen	Achats
Entspannend	Relaxant
Fussball	Football
Gartenarbeit	Jardinage
Gemälde	Peinture
Golf	Golf
Kunst	Art
Reise	Voyage
Rennen	Course
Schwimmen	Nager
Surfen	Surf
Tauchen	Plongée
Tennis	Tennis
Volleyball	Volley-Ball
Wandern	Randonnée

Algebra
Algèbre

Bruchteil	Fraction
Diagramm	Diagramme
Exponent	Exposant
Faktor	Facteur
Falsch	Faux
Formel	Formule
Gleichung	Équation
Linear	Linéaire
Lösen	Résoudre
Lösung	Solution
Matrix	Matrice
Menge	Quantité
Null	Zéro
Nummer	Nombre
Problem	Problème
Subtraktion	Soustraction
Summe	Somme
Unendlich	Infini
Variable	Variable
Vereinfachen	Simplifier

Antarktis
Antarctique

Bucht	Baie
Eis	Glace
Erhaltung	Conservation
Expedition	Expédition
Felsig	Rocheux
Forscher	Chercheur
Geographie	Géographie
Gletscher	Glaciers
Halbinsel	Péninsule
Inseln	Îles
Kontinent	Continent
Migration	Migration
Mineralien	Minéraux
Temperatur	Température
Topographie	Topographie
Umwelt	Environnement
Vögel	Oiseaux
Wasser	Eau
Wetter	Météo
Wissenschaftlich	Scientifique

Antiquitäten
Antiquités

Alt	Vieux
Artikel	Article
Authentisch	Authentique
Dekorativ	Décoratif
Elegant	Élégant
Enthusiast	Passionné
Galerie	Galerie
Gemälde	Peintures
Jahrhundert	Siècle
Kunst	Art
Möbel	Meubles
Münzen	Pièces
Preis	Prix
Qualität	Qualité
Schmuck	Bijoux
Skulptur	Sculpture
Stil	Style
Ungewöhnlich	Inhabituel
Wert	Valeur
Zustand	Condition

Archäologie
Archéologie

Analyse	Analyse
Antiquität	Antiquité
Auswertung	Évaluation
Ära	Ère
Experte	Expert
Forscher	Chercheur
Fossil	Fossile
Geheimnis	Mystère
Grab	Tombe
Knochen	Os
Mannschaft	Équipe
Nachkomme	Descendant
Objekte	Objets
Professor	Professeur
Relikt	Relique
Tempel	Temple
Unbekannt	Inconnu
Uralt	Ancien
Vergessen	Oublié
Zivilisation	Civilisation

Astronomie
Astronomie

Asteroid	Astéroïde
Astronaut	Astronaute
Astronom	Astronome
Erde	Terre
Himmel	Ciel
Komet	Comète
Konstellation	Constellation
Kosmos	Cosmos
Meteor	Météore
Mond	Lune
Nebel	Nébuleuse
Observatorium	Observatoire
Planet	Planète
Rakete	Fusée
Satellit	Satellite
Stern	Étoile
Supernova	Supernova
Teleskop	Télescope
Tierkreis	Zodiaque
Universum	Univers

Ballett
Ballet

Anmutig	Gracieux
Ausdrucksvoll	Expressif
Ballerina	Ballerine
Choreographie	Chorégraphie
Fähigkeit	Compétence
Geste	Geste
Intensität	Intensité
Komponist	Compositeur
Künstlerisch	Artistique
Musik	Musique
Muskel	Muscles
Orchester	Orchestre
Praxis	Pratique
Probe	Répétition
Publikum	Public
Rhythmus	Rythme
Solo	Solo
Stil	Style
Tänzer	Danseurs
Technik	Technique

Barbecues
Barbecues

Abendessen	Dîner
Familie	Famille
Frucht	Fruit
Gabeln	Fourchettes
Gemüse	Légumes
Grill	Gril
Heiss	Chaud
Huhn	Poulet
Hunger	Faim
Kinder	Enfants
Kochen	Cuisine
Messer	Couteaux
Mittagessen	Déjeuner
Musik	Musique
Pfeffer	Poivre
Salate	Salades
Salz	Sel
Sommer	Été
Sosse	Sauce
Spiele	Jeux

Bauernhof #1
Ferme #1

Biene	Abeille
Dünger	Engrais
Esel	Âne
Feld	Champ
Heu	Foin
Honig	Miel
Huhn	Poulet
Hund	Chien
Kalb	Veau
Katze	Chat
Krähe	Corbeau
Kuh	Vache
Land	Terre
Landwirtschaft	Agriculture
Pferd	Cheval
Reis	Riz
Schwein	Cochon
Wasser	Eau
Zaun	Clôture
Ziege	Chèvre

Bauernhof #2
Ferme #2

Bauer	Agriculteur
Bewässerung	Irrigation
Bienenstock	Ruche
Ente	Canard
Frucht	Fruit
Gemüse	Légume
Gerste	Orge
Lama	Lama
Lamm	Agneau
Mais	Maïs
Milch	Lait
Obstgarten	Verger
Reif	Mûr
Schaf	Mouton
Schäfer	Berger
Scheune	Grange
Traktor	Tracteur
Weizen	Blé
Wiese	Pré
Windmühle	Moulin à Vent

Berufe #1
Professions #1

Arzt	Médecin
Astronom	Astronome
Bankier	Banquier
Botschafter	Ambassadeur
Buchhalter	Comptable
Geologe	Géologue
Jäger	Chasseur
Juwelier	Bijoutier
Kartograph	Cartographe
Klempner	Plombier
Krankenschwester	Infirmière
Künstler	Artiste
Mechaniker	Mécanicien
Musiker	Musicien
Pianist	Pianiste
Psychologe	Psychologue
Rechtsanwalt	Avocat
Tänzer	Danseur
Tierarzt	Vétérinaire
Trainer	Entraîneur

Berufe #2
Professions #2

Arzt	Médecin
Astronaut	Astronaute
Biologe	Biologiste
Chirurg	Chirurgien
Detektiv	Détective
Erfinder	Inventeur
Forscher	Chercheur
Fotograf	Photographe
Gärtner	Jardinier
Illustrator	Illustrateur
Ingenieur	Ingénieur
Journalist	Journaliste
Lehrer	Enseignant
Linguist	Linguiste
Maler	Peintre
Philosoph	Philosophe
Pilot	Pilote
Politiker	Politicien
Zahnarzt	Dentiste
Zoologe	Zoologiste

Bienen
Les Abeilles

Bestäuber	Pollinisateur
Bienenkorb	Ruche
Blumen	Fleurs
Blüte	Fleur
Flügel	Ailes
Frucht	Fruit
Garten	Jardin
Honig	Miel
Insekt	Insecte
Königin	Reine
Lebensraum	Habitat
Ökosystem	Écosystème
Pflanzen	Plantes
Pollen	Pollen
Rauch	Fumée
Schwarm	Essaim
Sonne	Soleil
Vielfalt	Diversité
Vorteilhaft	Bénéfique
Wachs	Cire

Bildende Kunst
Arts Visuels

Architektur	Architecture
Bleistift	Crayon
Film	Film
Foto	Photographie
Gemälde	Peinture
Holzkohle	Charbon
Keramik	Céramique
Kreativität	Créativité
Kreide	Craie
Künstler	Artiste
Lack	Vernis
Meisterwerk	Chef-D'Œuvre
Perspektive	Perspective
Porträt	Portrait
Schablone	Pochoir
Skulptur	Sculpture
Staffelei	Chevalet
Stift	Stylo
Ton	Argile
Wachs	Cire

Biologie
Biologie

Anatomie	Anatomie
Chromosom	Chromosome
Embryo	Embryon
Enzym	Enzyme
Evolution	Évolution
Hormon	Hormone
Kollagen	Collagène
Mutation	Mutation
Natürlich	Naturel
Nerv	Nerf
Neuron	Neurone
Osmose	Osmose
Pflanzen	Plantes
Photosynthese	Photosynthèse
Protein	Protéine
Reptil	Reptile
Säugetier	Mammifère
Symbiose	Symbiose
Synapse	Synapse
Zelle	Cellule

Blumen
Fleurs

Blütenblatt	Pétale
Gardenie	Gardénia
Gänseblümchen	Marguerite
Hibiskus	Hibiscus
Jasmin	Jasmin
Klee	Trèfle
Lavendel	Lavande
Lila	Lilas
Lilie	Lys
Löwenzahn	Pissenlit
Magnolie	Magnolia
Mohn	Pavot
Orchidee	Orchidée
Passionsblume	Passiflore
Pfingstrose	Pivoine
Plumeria	Plumeria
Rose	Rose
Sonnenblume	Tournesol
Strauss	Bouquet
Tulpe	Tulipe

Boote
Bateaux

Anker	Ancre
Boje	Bouée
Crew	Équipage
Dock	Dock
Fähre	Ferry
Floss	Radeau
Fluss	Fleuve
Kajak	Kayak
Kanu	Canoë
Mast	Mât
Meer	Mer
Motor	Moteur
Nautisch	Nautique
Ozean	Océan
See	Lac
Seemann	Marin
Segelboot	Voilier
Seil	Corde
Wellen	Vagues
Yacht	Yacht

Boxen
Boxe

Ecke	Coin
Ellbogen	Coude
Erschöpft	Épuisé
Faust	Poing
Fähigkeit	Compétence
Fokus	Concentrer
Gegner	Adversaire
Glocke	Cloche
Handschuhe	Gants
Kämpfer	Combattant
Kick	Coup
Kinn	Menton
Körper	Corps
Punkte	Points
Recovery	Récupération
Schiedsrichter	Arbitre
Schnell	Rapide
Seile	Cordes
Stärke	Force
Verletzungen	Blessures

Bücher
Livres

Abenteuer	Aventure
Autor	Auteur
Dualität	Dualité
Episch	Épique
Erfinderisch	Inventif
Erzähler	Narrateur
Gedicht	Poème
Geschichte	Histoire
Geschrieben	Écrit
Historisch	Historique
Humorvoll	Humoristique
Kollektion	Collection
Kontext	Contexte
Leser	Lecteur
Literarisch	Littéraire
Poesie	Poésie
Roman	Roman
Seite	Page
Serie	Série
Tragisch	Tragique

Camping
Camping

Abenteuer	Aventure
Berg	Montagne
Feuer	Feu
Hängematte	Hamac
Hut	Chapeau
Insekt	Insecte
Jagd	Chasse
Kabine	Cabine
Kanu	Canoë
Karte	Carte
Kompass	Boussole
Laterne	Lanterne
Mond	Lune
Natur	Nature
See	Lac
Seil	Corde
Spass	Amusement
Tiere	Animaux
Wald	Forêt
Zelt	Tente

Chemie
Chimie

Alkalisch	Alcalin
Chlor	Chlore
Elektron	Électron
Enzym	Enzyme
Flüssigkeit	Liquide
Gas	Gaz
Gewicht	Poids
Hitze	Chaleur
Ion	Ion
Katalysator	Catalyseur
Kohlenstoff	Carbone
Molekül	Molécule
Nuklear	Nucléaire
Organisch	Organique
Reaktion	Réaction
Salz	Sel
Sauerstoff	Oxygène
Säure	Acide
Temperatur	Température
Wasserstoff	Hydrogène

Diplomatie
Diplomatie

Ausländisch	Étranger
Berater	Conseiller
Botschaft	Ambassade
Botschafter	Ambassadeur
Bürger	Citoyens
Diplomatisch	Diplomatique
Diskussion	Discussion
Ethik	Éthique
Gemeinschaft	Communauté
Gerechtigkeit	Justice
Humanitär	Humanitaire
Integrität	Intégrité
Konflikt	Conflit
Lösung	Solution
Politik	Politique
Regierung	Gouvernement
Sicherheit	Sécurité
Sprachen	Langues
Vertrag	Traité
Zusammenarbeit	Coopération

Emotionen
Émotions

Angst	Peur
Aufgeregt	Excité
Beschämt	Embarrassé
Dankbar	Reconnaissant
Entspannt	Détendu
Freude	Joie
Freundlichkeit	Gentillesse
Frieden	Paix
Inhalt	Contenu
Langeweile	Ennui
Liebe	Amour
Relief	Relief
Ruhe	Tranquillité
Ruhig	Calme
Sympathie	Sympathie
Traurigkeit	Tristesse
Überraschen	Surprise
Wut	Colère
Zärtlichkeit	Tendresse
Zufrieden	Satisfait

Energie
Énergie

Batterie	Batterie
Benzin	Essence
Brennstoff	Carburant
Diesel	Diesel
Elektrisch	Électrique
Elektron	Électron
Entropie	Entropie
Erneuerbar	Renouvelable
Hitze	Chaleur
Industrie	Industrie
Kohlenstoff	Carbone
Motor	Moteur
Nuklear	Nucléaire
Photon	Photon
Sonne	Soleil
Turbine	Turbine
Umwelt	Environnement
Verschmutzung	Pollution
Wasserstoff	Hydrogène
Wind	Vent

Ernährung
Nutrition

Appetit	Appétit
Ausgewogen	Équilibré
Bitter	Amer
Diät	Diète
Essbar	Comestible
Fermentation	Fermentation
Geschmack	Saveur
Gesund	Sain
Gesundheit	Santé
Getreide	Céréales
Gewicht	Poids
Kalorien	Calories
Kohlenhydrate	Glucides
Nährstoff	Nutritif
Proteine	Protéines
Qualität	Qualité
Sosse	Sauce
Toxin	Toxine
Verdauung	Digestion
Vitamin	Vitamine

Essen #1
Nourriture #1

Basilikum	Basilic
Birne	Poire
Erdbeere	Fraise
Erdnuss	Arachide
Fleisch	Viande
Kaffee	Café
Karotte	Carotte
Knoblauch	Ail
Milch	Lait
Rübe	Navet
Saft	Jus
Salat	Salade
Salz	Sel
Spinat	Épinard
Suppe	Soupe
Thunfisch	Thon
Zimt	Cannelle
Zitrone	Citron
Zucker	Sucre
Zwiebel	Oignon

Essen #2
Nourriture #2

Apfel	Pomme
Artischocke	Artichaut
Aubergine	Aubergine
Banane	Banane
Brokkoli	Brocoli
Brot	Pain
Ei	Oeuf
Fisch	Poisson
Joghurt	Yaourt
Käse	Fromage
Kirsche	Cerise
Mandel	Amande
Pilz	Champignon
Reis	Riz
Schinken	Jambon
Schokolade	Chocolat
Sellerie	Céleri
Spargel	Asperges
Tomate	Tomate
Weizen	Blé

Ethik
Éthique

Altruismus	Altruisme
Diplomatisch	Diplomatique
Ehrlichkeit	Honnêteté
Freundlichkeit	Gentillesse
Geduld	Patience
Integrität	Intégrité
Menschheit	Humanité
Mitgefühl	Compassion
Optimismus	Optimisme
Philosophie	Philosophie
Rationalität	Rationalité
Realismus	Réalisme
Respektvoll	Respectueux
Toleranz	Tolérance
Vernünftig	Raisonnable
Weisheit	Sagesse
Werte	Valeurs
Wohlwollend	Bienveillant
Würde	Dignité
Zusammenarbeit	Coopération

Fahren
Conduite

Auto	Voiture
Bremsen	Freins
Brennstoff	Carburant
Bus	Bus
Garage	Garage
Gas	Gaz
Gefahr	Danger
Geschwindigkeit	Vitesse
Karte	Carte
Lizenz	Licence
Lkw	Camion
Motor	Moteur
Motorrad	Moto
Polizei	Police
Sicherheit	Sécurité
Transport	Transport
Tunnel	Tunnel
Unfall	Accident
Verkehr	Trafic
Vorsicht	Attention

Fahrzeuge
Véhicules

Auto	Voiture
Boot	Bateau
Bus	Bus
Fahrrad	Vélo
Fähre	Ferry
Floss	Radeau
Flugzeug	Avion
Hubschrauber	Hélicoptère
Krankenwagen	Ambulance
Lkw	Camion
Motor	Moteur
Rakete	Fusée
Reifen	Pneus
Roller	Scooter
Taxi	Taxi
Traktor	Tracteur
U-Bahn	Métro
U-Boot	Sous-Marin
Wohnwagen	Caravane
Zug	Train

Familie
Famille

Bruder	Frère
Ehefrau	Femme
Ehemann	Mari
Enkel	Petit-Fils
Grossmutter	Grand-Mère
Grossvater	Grand-Père
Kind	Enfant
Kindheit	Enfance
Mutter	Mère
Mütterlich	Maternel
Neffe	Neveu
Nichte	Nièce
Onkel	Oncle
Schwester	Soeur
Tante	Tante
Tochter	Fille
Vater	Père
Väterlich	Paternel
Vetter	Cousin
Vorfahr	Ancêtre

Flugzeuge
Avions

Abenteuer	Aventure
Abstieg	Descente
Atmosphäre	Atmosphère
Ballon	Ballon
Brennstoff	Carburant
Crew	Équipage
Design	Design
Geschichte	Histoire
Himmel	Ciel
Höhe	Hauteur
Konstruktion	Construction
Luft	Air
Motor	Moteur
Navigieren	Naviguer
Passagier	Passager
Pilot	Pilote
Propeller	Hélices
Turbulenz	Turbulence
Wasserstoff	Hydrogène
Wetter	Météo

Formen
Formes

Bogen	Arc
Dreieck	Triangle
Ecke	Coin
Ellipse	Ellipse
Hyperbel	Hyperbole
Kanten	Bords
Kegel	Cône
Kreis	Cercle
Kurve	Courbe
Linie	Ligne
Oval	Ovale
Polygon	Polygone
Prisma	Prisme
Pyramide	Pyramide
Quadrat	Carré
Rechteck	Rectangle
Rund	Rond
Seite	Côté
Würfel	Cube
Zylinder	Cylindre

Gebäude
Bâtiments

Bauernhof	Ferme
Botschaft	Ambassade
Fabrik	Usine
Garage	Garage
Haus	Maison
Hotel	Hôtel
Kabine	Cabine
Kino	Cinéma
Krankenhaus	Hôpital
Labor	Laboratoire
Museum	Musée
Observatorium	Observatoire
Scheune	Grange
Schule	École
Stadion	Stade
Supermarkt	Supermarché
Theater	Théâtre
Turm	Tour
Universität	Université
Zelt	Tente

Gemüse
Légumes

Artischocke	Artichaut
Aubergine	Aubergine
Blumenkohl	Chou-Fleur
Brokkoli	Brocoli
Erbse	Pois
Gurke	Concombre
Ingwer	Gingembre
Karotte	Carotte
Kartoffel	Patate
Knoblauch	Ail
Kürbis	Citrouille
Olive	Olive
Petersilie	Persil
Pilz	Champignon
Rübe	Navet
Salat	Salade
Sellerie	Céleri
Spinat	Épinard
Tomate	Tomate
Zwiebel	Oignon

Geographie
Géographie

Atlas	Atlas
Äquator	Équateur
Berg	Montagne
Breite	Latitude
Fluss	Fleuve
Gebiet	Territoire
Hemisphäre	Hémisphère
Höhe	Altitude
Insel	Île
Karte	Carte
Kontinent	Continent
Land	Pays
Meer	Mer
Meridian	Méridien
Norden	Nord
Ozean	Océan
Region	Région
Stadt	Ville
Welt	Monde
West	Ouest

Geologie
Géologie

Erosion	Érosion
Fossil	Fossile
Geschmolzen	Fondu
Geysir	Geyser
Höhle	Caverne
Kalzium	Calcium
Kontinent	Continent
Koralle	Corail
Lava	Lave
Mineralien	Minéraux
Plateau	Plateau
Quarz	Quartz
Salz	Sel
Säure	Acide
Stalagmiten	Stalagmites
Stalaktit	Stalactite
Stein	Pierre
Vulkan	Volcan
Zone	Zone
Zyklen	Cycles

Geometrie
Géométrie

Anteil	Proportion
Berechnung	Calcul
Dimension	Dimension
Dreieck	Triangle
Durchmesser	Diamètre
Gleichung	Équation
Horizontal	Horizontal
Höhe	Hauteur
Kreis	Cercle
Kurve	Courbe
Logik	Logique
Masse	Masse
Nummer	Nombre
Oberfläche	Surface
Parallel	Parallèle
Quadrat	Carré
Segment	Segment
Symmetrie	Symétrie
Theorie	Théorie
Winkel	Angle

Geschäft
Entreprise

Arbeitgeber	Employeur
Budget	Budget
Büro	Bureau
Einkommen	Revenu
Fabrik	Usine
Finanzieren	Finance
Geld	Argent
Geschäft	Boutique
Gewinn	Profit
Karriere	Carrière
Kosten	Coût
Manager	Gérant
Mitarbeiter	Employé
Rabatt	Réduction
Steuern	Impôts
Transaktion	Transaction
Verkauf	Vente
Ware	Marchandise
Währung	Devise
Wirtschaft	Économie

Gesundheit und Wellness #1
Santé et Bien-Être #1

Aktiv	Actif
Apotheke	Pharmacie
Arzt	Médecin
Bakterien	Bactéries
Behandlung	Traitement
Entspannung	Relaxation
Fraktur	Fracture
Gewohnheit	Habitude
Haut	Peau
Höhe	Hauteur
Hunger	Faim
Klinik	Clinique
Knochen	Os
Medizin	Médicament
Medizinisch	Médical
Nerven	Nerfs
Reflex	Réflexe
Therapie	Thérapie
Verletzung	Blessure
Virus	Virus

Gesundheit und Wellness #2
Santé et Bien-Être #2

Allergie	Allergie
Anatomie	Anatomie
Appetit	Appétit
Blut	Sang
Diät	Diète
Energie	Énergie
Genetik	Génétique
Gesund	Sain
Gewicht	Poids
Hygiene	Hygiène
Infektion	Infection
Kalorie	Calorie
Krankenhaus	Hôpital
Krankheit	Maladie
Massage	Massage
Risiken	Risques
Schlafen	Dormir
Sport	Sports
Stress	Stress
Vitamin	Vitamine

Gewürze
Épices

Anis	Anis
Bitter	Amer
Curry	Curry
Fenchel	Fenouil
Geschmack	Saveur
Ingwer	Gingembre
Kardamom	Cardamome
Knoblauch	Ail
Lakritze	Réglisse
Muskatnuss	Muscade
Nelke	Girofle
Paprika	Paprika
Pfeffer	Poivre
Safran	Safran
Salz	Sel
Sauer	Aigre
Süss	Doux
Vanille	Vanille
Zimt	Cannelle
Zwiebel	Oignon

Globale Erwärmung
Réchauffement Climatique

Arktis	Arctique
Aufmerksamkeit	Attention
Bevölkerung	Populations
Daten	Données
Energie	Énergie
Entwicklung	Développement
Gas	Gaz
Generationen	Générations
Gesetzgebung	Législation
Industrie	Industrie
International	International
Jetzt	Maintenant
Klima	Climat
Krise	Crise
Lebensraum	Habitats
Reduzieren	Réduire
Regierung	Gouvernement
Temperaturen	Températures
Wissenschaftler	Scientifique
Zukunft	Futur

Haartypen
Types de Cheveux

Blond	Blond
Braun	Marron
Dick	Épais
Dünn	Mince
Farbig	Coloré
Geflochten	Tressé
Gesund	Sain
Grau	Gris
Kahl	Chauve
Kurz	Court
Lang	Long
Locken	Boucles
Lockig	Frisé
Schwarz	Noir
Silber	Argent
Trocken	Sec
Weich	Doux
Weiss	Blanc
Wellig	Ondulé
Zöpfe	Tresses

Haus
Maison

Besen	Balai
Bibliothek	Bibliothèque
Dach	Toit
Dachboden	Grenier
Decke	Plafond
Dusche	Douche
Fenster	Fenêtre
Garage	Garage
Garten	Jardin
Kamin	Cheminée
Küche	Cuisine
Lampe	Lampe
Möbel	Meubles
Schlüssel	Clés
Spiegel	Miroir
Treppe	Escalier
Tür	Porte
Wand	Mur
Zaun	Clôture
Zimmer	Chambre

Ingenieurwesen
Ingénierie

Achse	Axe
Antrieb	Propulsion
Berechnung	Calcul
Diagramm	Diagramme
Diesel	Diesel
Durchmesser	Diamètre
Energie	Énergie
Flüssigkeit	Liquide
Getriebe	Engrenages
Hebel	Leviers
Konstruktion	Construction
Maschine	Machine
Messung	Mesure
Motor	Moteur
Stabilität	Stabilité
Stärke	Force
Struktur	Structure
Tiefe	Profondeur
Verteilung	Distribution
Winkel	Angle

Jazz
Jazz

Album	Album
Alt	Vieux
Berühmt	Célèbre
Favoriten	Favoris
Genre	Genre
Improvisation	Improvisation
Komponist	Compositeur
Konzert	Concert
Künstler	Artiste
Lied	Chanson
Musik	Musique
Musiker	Musiciens
Neu	Nouveau
Orchester	Orchestre
Rhythmus	Rythme
Solo	Solo
Stil	Style
Talent	Talent
Technik	Technique
Zusammensetzung	Composition

Kaffee
Café

Aroma	Arôme
Bitter	Amer
Creme	Crème
Filter	Filtre
Flüssigkeit	Liquide
Geröstet	Rôti
Geschmack	Saveur
Getränk	Boisson
Koffein	Caféine
Mahlen	Moudre
Milch	Lait
Morgen	Matin
Preis	Prix
Sauer	Acide
Schwarz	Noir
Tasse	Tasse
Ursprung	Origine
Vielfalt	Variété
Wasser	Eau
Zucker	Sucre

Kleidung
Vêtements

Armband	Bracelet
Bluse	Chemisier
Gürtel	Ceinture
Halskette	Collier
Handschuhe	Gants
Hemd	Chemise
Hose	Pantalon
Hut	Chapeau
Jacke	Veste
Jeans	Jeans
Kleid	Robe
Mantel	Manteau
Mode	Mode
Pullover	Pull
Rock	Jupe
Schal	Foulard
Schlafanzug	Pyjama
Schmuck	Bijoux
Schuh	Chaussure
Schürze	Tablier

Krankheit
Maladie

Abdominal	Abdominal
Allergien	Allergies
Ansteckend	Contagieux
Atemwege	Respiratoire
Bakteriell	Bactérien
Chronisch	Chronique
Entzündung	Inflammation
Erblich	Héréditaire
Genetisch	Génétique
Gesundheit	Santé
Herz	Cœur
Immunität	Immunité
Knochen	Os
Körper	Corps
Neuropathie	Neuropathie
Schwach	Faible
Sinus	Sinus
Syndrom	Syndrome
Therapie	Thérapie
Wellness	Bien-Être

Kräuterkunde
Herboristerie

Aromatisch	Aromatique
Basilikum	Basilic
Blume	Fleur
Dill	Aneth
Estragon	Estragon
Fenchel	Fenouil
Garten	Jardin
Geschmack	Saveur
Grün	Vert
Knoblauch	Ail
Kulinarisch	Culinaire
Lavendel	Lavande
Majoran	Marjolaine
Petersilie	Persil
Qualität	Qualité
Rosmarin	Romarin
Safran	Safran
Thymian	Thym
Vorteilhaft	Bénéfique
Zutat	Ingrédient

Kreativität
Créativité

Ausdruck	Expression
Authentizität	Authenticité
Bild	Image
Dramatisch	Dramatique
Eindruck	Impression
Erfinderisch	Inventif
Fähigkeit	Compétence
Flüssigkeit	Fluidité
Gefühle	Sentiments
Ideen	Idées
Inspiration	Inspiration
Intensität	Intensité
Intuition	Intuition
Klarheit	Clarté
Künstlerisch	Artistique
Phantasie	Imagination
Sensation	Sensation
Spontan	Spontané
Visionen	Visions
Vitalität	Vitalité

Kunst
Art

Ausdruck	Expression
Ehrlich	Honnête
Einfach	Simple
Gegenstand	Sujet
Gemälde	Peintures
Inspiriert	Inspiré
Keramik	Céramique
Komplex	Complexe
Original	Original
Persönlich	Personnel
Poesie	Poésie
Porträtieren	Dépeindre
Schaffen	Créer
Skulptur	Sculpture
Stimmung	Humeur
Surrealismus	Surréalisme
Symbol	Symbole
Visuell	Visuel
Zusammensetzung	Composition

Landschaften
Paysages

Berg	Montagne
Eisberg	Iceberg
Fluss	Fleuve
Geysir	Geyser
Gletscher	Glacier
Golf	Golfe
Halbinsel	Péninsule
Höhle	Grotte
Hügel	Colline
Insel	Île
Meer	Mer
Oase	Oasis
See	Lac
Strand	Plage
Sumpf	Marais
Tal	Vallée
Tundra	Toundra
Vulkan	Volcan
Wasserfall	Cascade
Wüste	Désert

Länder #1
Pays #1

Ägypten	Egypte
Brasilien	Brésil
Deutschland	Allemagne
Finnland	Finlande
Indien	Inde
Irak	Irak
Israel	Israël
Italien	Italie
Kambodscha	Cambodge
Kanada	Canada
Lettland	Lettonie
Mali	Mali
Nicaragua	Nicaragua
Norwegen	Norvège
Polen	Pologne
Rumänien	Roumanie
Senegal	Sénégal
Spanien	Espagne
Venezuela	Venezuela
Vietnam	Vietnam

Länder #2
Pays #2

Albanien	Albanie
Äthiopien	Ethiopie
Frankreich	France
Griechenland	Grèce
Haiti	Haïti
Irland	Irlande
Jamaika	Jamaïque
Japan	Japon
Kenia	Kenya
Laos	Laos
Liberia	Libéria
Mexiko	Mexique
Nepal	Népal
Nigeria	Nigeria
Pakistan	Pakistan
Russland	Russie
Sudan	Soudan
Syrien	Syrie
Uganda	Ouganda
Ukraine	Ukraine

Literatur
Littérature

Analogie	Analogie
Analyse	Analyse
Anekdote	Anecdote
Autor	Auteur
Beschreibung	Description
Biographie	Biographie
Dialog	Dialogue
Erzähler	Narrateur
Fiktion	Fiction
Gedicht	Poème
Metapher	Métaphore
Poetisch	Poétique
Reim	Rime
Rhythmus	Rythme
Roman	Roman
Schlussfolgerung	Conclusion
Stil	Style
Thema	Thème
Tragödie	Tragédie
Vergleich	Comparaison

Mathematik
Mathématiques

Arithmetik	Arithmétique
Bruchteil	Fraction
Dezimal	Décimal
Dreieck	Triangle
Durchmesser	Diamètre
Exponent	Exposant
Geometrie	Géométrie
Gleichung	Équation
Kugel	Sphère
Parallel	Parallèle
Polygon	Polygone
Quadrat	Carré
Radius	Rayon
Rechteck	Rectangle
Summe	Somme
Symmetrie	Symétrie
Umfang	Circonférence
Volumen	Volume
Winkel	Angles
Zahlen	Nombres

Meditation
Méditation

Annahme	Acceptation
Aufmerksamkeit	Attention
Bewegung	Mouvement
Dankbarkeit	Gratitude
Freundlichkeit	Gentillesse
Frieden	Paix
Gedanken	Pensées
Geistig	Mental
Glück	Bonheur
Klarheit	Clarté
Lehre	Enseignements
Lernen	Apprendre
Mitgefühl	Compassion
Musik	Musique
Natur	Nature
Perspektive	Perspective
Ruhig	Calme
Stille	Silence
Verstand	Esprit
Wach	Éveillé

Menschlicher Körper
Corps Humain

Bein	Jambe
Blut	Sang
Ellbogen	Coude
Finger	Doigt
Gehirn	Cerveau
Gesicht	Visage
Hals	Cou
Hand	Main
Haut	Peau
Herz	Cœur
Kiefer	Mâchoire
Kinn	Menton
Knie	Genou
Knöchel	Cheville
Kopf	Tête
Mund	Bouche
Nase	Nez
Ohr	Oreille
Schulter	Épaule
Zunge	Langue

Messungen
Mesures

Breite	Largeur
Byte	Octet
Dezimal	Décimal
Gewicht	Poids
Grad	Degré
Gramm	Gramme
Höhe	Hauteur
Kilogramm	Kilogramme
Kilometer	Kilomètre
Länge	Longueur
Liter	Litre
Masse	Masse
Meter	Mètre
Minute	Minute
Tiefe	Profondeur
Tonne	Tonne
Unze	Once
Volumen	Volume
Zentimeter	Centimètre
Zoll	Pouce

Mode
Mode

Bescheiden	Modeste
Boutique	Boutique
Einfach	Simple
Elegant	Élégant
Erschwinglich	Abordable
Kleidung	Vêtements
Komfortabel	Confortable
Minimalistisch	Minimaliste
Modern	Moderne
Muster	Modèle
Original	Original
Praktisch	Pratique
Spitze	Dentelle
Stickerei	Broderie
Stil	Style
Stoff	Tissu
Tasten	Boutons
Teuer	Cher
Textur	Texture
Trend	Tendance

Musik
Musique

Album	Album
Ballade	Ballade
Chor	Chœur
Harmonie	Harmonie
Harmonisch	Harmonique
Improvisieren	Improviser
Instrument	Instrument
Klassisch	Classique
Lyrisch	Lyrique
Melodie	Mélodie
Mikrofon	Microphone
Musical	Musical
Musiker	Musicien
Oper	Opéra
Poetisch	Poétique
Rhythmisch	Rythmique
Rhythmus	Rythme
Sänger	Chanteur
Singen	Chanter
Tempo	Tempo

Musikinstrumente
Instruments de Musique

Banjo	Banjo
Cello	Violoncelle
Fagott	Basson
Flöte	Flûte
Geige	Violon
Gitarre	Guitare
Glockenspiel	Carillons
Gong	Gong
Harfe	Harpe
Klarinette	Clarinette
Klavier	Piano
Mandoline	Mandoline
Mundharmonika	Harmonica
Oboe	Hautbois
Posaune	Trombone
Saxophon	Saxophone
Schlagzeug	Percussion
Tamburin	Tambourin
Trommel	Tambour
Trompete	Trompette

Mythologie
Mythologie

Archetyp	Archétype
Blitz	Éclair
Donner	Tonnerre
Eifersucht	Jalousie
Held	Héros
Himmel	Ciel
Katastrophe	Catastrophe
Kreation	Création
Kreatur	Créature
Krieger	Guerrier
Kultur	Culture
Labyrinth	Labyrinthe
Legende	Légende
Magisch	Magique
Monster	Monstre
Rache	Vengeance
Stärke	Force
Sterblich	Mortel
Unsterblichkeit	Immortalité
Verhalten	Comportement

Natur
Nature

Arktis	Arctique
Berge	Montagnes
Bienen	Abeilles
Dynamisch	Dynamique
Erosion	Érosion
Fluss	Fleuve
Friedlich	Paisible
Gletscher	Glacier
Heiligtum	Sanctuaire
Heiter	Serein
Laub	Feuillage
Lebenswichtig	Vital
Nebel	Brouillard
Schönheit	Beauté
Schutz	Abri
Tiere	Animaux
Tropisch	Tropical
Wald	Forêt
Wild	Sauvage
Wüste	Désert

Obst
Fruit

Ananas	Ananas
Apfel	Pomme
Aprikose	Abricot
Avocado	Avocat
Banane	Banane
Beere	Baie
Birne	Poire
Brombeere	Mûre
Himbeere	Framboise
Kirsche	Cerise
Kiwi	Kiwi
Kokosnuss	Noix de Coco
Melone	Melon
Nektarine	Nectarine
Orange	Orange
Papaya	Papaye
Pfirsich	Pêche
Pflaume	Prune
Traube	Raisin
Zitrone	Citron

Ozean
Océan

Aal	Anguille
Auster	Huître
Boot	Bateau
Delfin	Dauphin
Fisch	Poisson
Garnele	Crevette
Gezeiten	Marées
Hai	Requin
Koralle	Corail
Krabbe	Crabe
Krake	Poulpe
Qualle	Méduse
Riff	Récif
Salz	Sel
Schildkröte	Tortue
Schwamm	Éponge
Sturm	Tempête
Thunfisch	Thon
Wal	Baleine
Wellen	Vagues

Ökologie
Écologie

Art	Espèce
Berge	Montagnes
Dürre	Sécheresse
Fauna	Faune
Flora	Flore
Freiwillige	Bénévoles
Gemeinschaft	Communautés
Global	Global
Klima	Climat
Lebensraum	Habitat
Marine	Marin
Nachhaltig	Durable
Natur	Nature
Natürlich	Naturel
Pflanzen	Plantes
Ressourcen	Ressources
Sumpf	Marais
Überleben	Survie
Vegetation	Végétation
Vielfalt	Diversité

Pflanzen
Plantes

Bambus	Bambou
Baum	Arbre
Beere	Baie
Blatt	Feuille
Blume	Fleur
Blütenblatt	Pétale
Bohne	Haricot
Botanik	Botanique
Busch	Buisson
Dünger	Engrais
Efeu	Lierre
Flora	Flore
Garten	Jardin
Gras	Herbe
Kaktus	Cactus
Laub	Feuillage
Moos	Mousse
Vegetation	Végétation
Wald	Forêt
Wurzel	Racine

Physik
Physique

Atom	Atome
Beschleunigung	Accélération
Chaos	Chaos
Chemisch	Chimique
Dichte	Densité
Elektron	Électron
Experiment	Expérience
Formel	Formule
Frequenz	Fréquence
Gas	Gaz
Geschwindigkeit	Vitesse
Magnetismus	Magnétisme
Masse	Masse
Mechanik	Mécanique
Molekül	Molécule
Motor	Moteur
Nuklear	Nucléaire
Partikel	Particule
Relativität	Relativité
Universal	Universel

Psychologie
Psychologie

Bewertung	Évaluation
Bewusstlos	Inconscient
Ego	Ego
Einflüsse	Influences
Gedanken	Pensées
Ideen	Idées
Kindheit	Enfance
Klinisch	Clinique
Kognition	Cognition
Konflikt	Conflit
Persönlichkeit	Personnalité
Problem	Problème
Sensation	Sensation
Termin	Rendez-Vous
Therapie	Thérapie
Träume	Rêves
Unterbewusstsein	Subconscient
Verhalten	Comportement
Wahrnehmung	Perception
Wirklichkeit	Réalité

Regierung
Gouvernement

Bezirk	District
Demokratie	Démocratie
Denkmal	Monument
Diskussion	Discussion
Freiheit	Liberté
Friedlich	Paisible
Führer	Leader
Gerechtigkeit	Justice
Gesetz	Loi
Gleichheit	Égalité
Nation	Nation
National	National
Politik	Politique
Rechte	Droits
Rede	Discours
Staat	État
Symbol	Symbole
Unabhängigkeit	Indépendance
Verfassung	Constitution
Zivil	Civil

Restaurant #2
Restaurant #2

Abendessen	Dîner
Eis	Glace
Fisch	Poisson
Frucht	Fruit
Gabel	Fourchette
Gemüse	Légumes
Getränk	Boisson
Gewürze	Épices
Kellner	Serveur
Köstlich	Délicieux
Kuchen	Gâteau
Löffel	Cuillère
Mittagessen	Déjeuner
Nudeln	Nouilles
Salat	Salade
Salz	Sel
Stuhl	Chaise
Suppe	Soupe
Vorspeise	Apéritif
Wasser	Eau

Säugetiere
Mammifères

Affe	Singe
Bär	Ours
Biber	Castor
Elefant	Éléphant
Fuchs	Renard
Giraffe	Girafe
Gorilla	Gorille
Hund	Chien
Känguru	Kangourou
Kojote	Coyote
Löwe	Lion
Panther	Panthère
Pferd	Cheval
Ratte	Rat
Schaf	Mouton
Stier	Taureau
Tiger	Tigre
Wal	Baleine
Wolf	Loup
Zebra	Zèbre

Schach
Échecs

Champion	Champion
Diagonal	Diagonal
Gegner	Adversaire
Klug	Intelligent
König	Roi
Königin	Reine
Lernen	Apprendre
Opfer	Sacrifice
Passiv	Passif
Punkte	Points
Regeln	Règles
Schwarz	Noir
Spiel	Jeu
Spieler	Joueur
Strategie	Stratégie
Turnier	Tournoi
Weiss	Blanc
Wettbewerb	Concours
Zeit	Temps

Schokolade
Chocolat

Antioxidans	Antioxydant
Aroma	Arôme
Bitter	Amer
Erdnüsse	Cacahuètes
Exotisch	Exotique
Favorit	Favori
Geschmack	Saveur
Handwerklich	Artisanal
Kakao	Cacao
Kalorien	Calories
Karamell	Caramel
Kokosnuss	Noix de Coco
Köstlich	Délicieux
Pulver	Poudre
Qualität	Qualité
Rezept	Recette
Süss	Doux
Verlangen	Envie
Zucker	Sucre
Zutat	Ingrédient

Schönheit
Beauté

Anmut	Grâce
Charme	Charme
Dienstleistungen	Services
Duft	Parfum
Elegant	Élégant
Eleganz	Élégance
Farbe	Couleur
Fotogen	Photogénique
Glatt	Lisse
Haut	Peau
Kosmetik	Cosmétique
Locken	Boucles
Öle	Huiles
Produkte	Produits
Schere	Ciseaux
Shampoo	Shampooing
Spiegel	Miroir
Stylist	Styliste
Wimperntusche	Mascara

Science Fiction
Science-Fiction

Bücher	Livres
Dystopie	Dystopie
Explosion	Explosion
Extrem	Extrême
Fantastisch	Fantastique
Feuer	Feu
Futuristisch	Futuriste
Galaxie	Galaxie
Geheimnisvoll	Mystérieux
Illusion	Illusion
Imaginär	Imaginaire
Kino	Cinéma
Orakel	Oracle
Planet	Planète
Realistisch	Réaliste
Roboter	Robots
Szenario	Scénario
Technologie	Technologie
Utopie	Utopie
Welt	Monde

Sport
Sport

Athlet	Athlète
Ausdauer	Endurance
Diät	Diète
Ernährung	Nutrition
Fähigkeit	Capacité
Gesundheit	Santé
Joggen	Jogging
Knochen	Os
Körper	Corps
Maximieren	Maximiser
Metabolisch	Métabolique
Muskel	Muscles
Programm	Programme
Radfahren	Cyclisme
Schwimmen	Nager
Sport	Sports
Stärke	Force
Tanzen	Danse
Trainer	Entraîneur
Ziel	Objectif

Stadt
Ville

Apotheke	Pharmacie
Bank	Banque
Bäckerei	Boulangerie
Bibliothek	Bibliothèque
Blumenhändler	Fleuriste
Buchhandlung	Librairie
Flughafen	Aéroport
Galerie	Galerie
Hotel	Hôtel
Kino	Cinéma
Klinik	Clinique
Markt	Marché
Museum	Musée
Restaurant	Restaurant
Schule	École
Stadion	Stade
Supermarkt	Supermarché
Theater	Théâtre
Universität	Université
Zoo	Zoo

Tage und Monate
Jours et Mois

August	Août
Dezember	Décembre
Dienstag	Mardi
Donnerstag	Jeudi
Februar	Février
Freitag	Vendredi
Jahr	Année
Januar	Janvier
Juli	Juillet
Juni	Juin
Kalender	Calendrier
Mittwoch	Mercredi
Monat	Mois
Montag	Lundi
November	Novembre
Oktober	Octobre
Samstag	Samedi
September	Septembre
Sonntag	Dimanche
Woche	Semaine

Tanzen
Danse

Akademie	Académie
Anmut	Grâce
Ausdrucksvoll	Expressif
Bewegung	Mouvement
Choreographie	Chorégraphie
Emotion	Émotion
Freudig	Joyeux
Haltung	Posture
Klassisch	Classique
Körper	Corps
Kultur	Culture
Kulturell	Culturel
Kunst	Art
Musik	Musique
Partner	Partenaire
Probe	Répétition
Rhythmus	Rythme
Springen	Saut
Traditionell	Traditionnel
Visuell	Visuel

Technologie
Technologie

Anzeige	Affichage
Bildschirm	Écran
Blog	Blog
Browser	Navigateur
Bytes	Octets
Computer	Ordinateur
Cursor	Curseur
Datei	Fichier
Daten	Données
Digital	Numérique
Forschung	Recherche
Internet	Internet
Kamera	Caméra
Nachricht	Message
Schriftart	Police
Sicherheit	Sécurité
Software	Logiciel
Statistik	Statistiques
Virtuell	Virtuel
Virus	Virus

Universum
Univers

Asteroid	Astéroïde
Astronom	Astronome
Astronomie	Astronomie
Atmosphäre	Atmosphère
Äon	Éon
Äquator	Équateur
Breite	Latitude
Dunkelheit	Obscurité
Galaxie	Galaxie
Hemisphäre	Hémisphère
Himmel	Ciel
Horizont	Horizon
Kosmisch	Cosmique
Längengrad	Longitude
Mond	Lune
Orbit	Orbite
Sichtbar	Visible
Sonnenwende	Solstice
Teleskop	Télescope
Tierkreis	Zodiaque

Urlaub #2
Vacances #2

Ausländer	Étranger
Berge	Montagnes
Camping	Camping
Flughafen	Aéroport
Freizeit	Loisir
Hotel	Hôtel
Insel	Île
Karte	Carte
Meer	Mer
Pass	Passeport
Reise	Voyage
Restaurant	Restaurant
Strand	Plage
Taxi	Taxi
Transport	Transport
Urlaub	Vacances
Visum	Visa
Zelt	Tente
Ziel	Destination
Zug	Train

Vögel
Oiseaux

Adler	Aigle
Ei	Oeuf
Ente	Canard
Eule	Hibou
Flamingo	Flamant
Gans	Oie
Huhn	Poulet
Krähe	Corbeau
Kuckuck	Coucou
Möwe	Mouette
Papagei	Perroquet
Pelikan	Pélican
Pfau	Paon
Pinguin	Manchot
Reiher	Héron
Schwan	Cygne
Spatz	Moineau
Storch	Cigogne
Taube	Colombe
Toucan	Toucan

Wandern
Randonnée

Berg	Montagne
Camping	Camping
Führer	Guides
Gefahren	Dangers
Gipfel	Sommet
Karte	Carte
Klima	Climat
Klippe	Falaise
Müde	Fatigué
Natur	Nature
Orientierung	Orientation
Schwer	Lourd
Sonne	Soleil
Steine	Pierres
Stiefel	Bottes
Tiere	Animaux
Vorbereitung	Préparation
Wasser	Eau
Wetter	Météo
Wild	Sauvage

Wasser
Eau

Bewässerung	Irrigation
Dampf	Vapeur
Dusche	Douche
Eis	Glace
Feucht	Humide
Feuchtigkeit	Humidité
Fluss	Fleuve
Flut	Inondation
Frost	Gel
Geysir	Geyser
Hurrikan	Ouragan
Kanal	Canal
Monsun	Mousson
Ozean	Océan
Regen	Pluie
Schnee	Neige
See	Lac
Trinkbar	Potable
Verdunstung	Évaporation
Wellen	Vagues

Wetter
Météo

Atmosphäre	Atmosphère
Blitz	Éclair
Brise	Brise
Donner	Tonnerre
Dürre	Sécheresse
Eis	Glace
Himmel	Ciel
Hurrikan	Ouragan
Klima	Climat
Monsun	Mousson
Nebel	Brouillard
Polar	Polaire
Regenbogen	Arc-En-Ciel
Sturm	Tempête
Temperatur	Température
Tornado	Tornade
Trocken	Sec
Tropisch	Tropical
Wind	Vent
Wolke	Nuage

Wissenschaft
Science

Atom	Atome
Chemisch	Chimique
Daten	Données
Evolution	Évolution
Experiment	Expérience
Fossil	Fossile
Hypothese	Hypothèse
Klima	Climat
Labor	Laboratoire
Methode	Méthode
Mineralien	Minéraux
Moleküle	Molécules
Natur	Nature
Organismus	Organisme
Partikel	Particules
Pflanzen	Plantes
Physik	Physique
Schwerkraft	Gravité
Tatsache	Fait
Wissenschaftler	Scientifique

Wissenschaftliche Disziplinen
Disciplines Scientifiques

Anatomie	Anatomie
Archäologie	Archéologie
Astronomie	Astronomie
Biochemie	Biochimie
Biologie	Biologie
Botanik	Botanique
Chemie	Chimie
Geologie	Géologie
Immunologie	Immunologie
Kinesiologie	Kinésiologie
Linguistik	Linguistique
Mechanik	Mécanique
Meteorologie	Météorologie
Mineralogie	Minéralogie
Neurologie	Neurologie
Ökologie	Écologie
Physiologie	Physiologie
Psychologie	Psychologie
Soziologie	Sociologie
Zoologie	Zoologie

Zahlen
Nombres

Acht	Huit
Achtzehn	Dix-Huit
Dezimal	Décimal
Drei	Trois
Dreizehn	Treize
Fünf	Cinq
Fünfzehn	Quinze
Neun	Neuf
Neunzehn	Dix-Neuf
Null	Zéro
Sechs	Six
Sechzehn	Seize
Sieben	Sept
Siebzehn	Dix-Sept
Vier	Quatre
Vierzehn	Quatorze
Zehn	Dix
Zwanzig	Vingt
Zwei	Deux
Zwölf	Douze

Zeit
Temps

Gestern	Hier
Heute	Aujourd'Hui
Jahr	Année
Jahrhundert	Siècle
Jahrzehnt	Décennie
Jährlich	Annuel
Jetzt	Maintenant
Kalender	Calendrier
Minute	Minute
Mittag	Midi
Monat	Mois
Morgen	Matin
Nach	Après
Nacht	Nuit
Stunde	Heure
Tag	Jour
Uhr	Horloge
Vor	Avant
Woche	Semaine
Zukunft	Futur

Zu Füllen
Remplir

Becken	Bassin
Box	Boîte
Eimer	Seau
Fass	Baril
Flasche	Bouteille
Karton	Carton
Kiste	Caisse
Koffer	Valise
Korb	Panier
Krug	Pot
Mappe	Dossier
Paket	Paquet
Rohr	Tube
Schiff	Navire
Schublade	Tiroir
Tablett	Plateau
Tasche	Sac
Umschlag	Enveloppe
Vase	Vase
Wanne	Baignoire

Gratuliere

Sie haben es geschafft !!

Wir hoffen, dass euch dieses Buch genauso viel Spaß gemacht hat wie uns dessen Herstellung. Wir tun unser Bestes, um qualitativ hochwertige Spiele zu erfinden. Diese Rätsel sind auf eine clevere Art und Weise entworfen, damit sie aktiv lernen und daran Vergnügen finden.

Hat ihnen das Buch gefallen ?

Eine einfache Bitte

Unsere Bücher existieren dank der Rezensionen, die sie veröffentlichen. Können sie uns helfen indem sie jetzt eine Meinung hinterlassen ?

Hier ist ein kurzer Link, der Sie zu ihrer Bewertungsseite führt

 BestBooksActivity.com/Rezension50

MONSTER HERAUSFÖRDERUNGEN !

Herausförderung 1

Bereit für ihr Bonusspiel? Wir verwenden sie ständig, aber sie sind nicht einfach zu finden. Es sind die Synonyme !

Notieren sie 5 Wörter, die sie in den untenstehenden Rätseln (Nummer 21, 36 und 76) entdeckt haben und versuchen sie für jedes Wort 2 Synonyme zu finden .

Notieren sie 5 Wörter aus Rätsel 21

Wörter	Synonym 1	Synonym 2

Notieren sie 5 Wörter aus Rätsel 36

Wörter	Synonym 1	Synonym 2

Notieren sie 5 Wörter aus Rätsel 76

Wörter	Synonym 1	Synonym 2

Herausförderung 2

Jetzt, wo sie warm sind, notieren sie 5 Wörter, die sie in jedem der untenaufgeführten Rätseln entdeckt haben (Nummer 9, 17 und 25) und versuchen sie für jedes Wort 2 Antonyme zu finden. Wie viele davon können sie binnen 20 Minuten finden ?

Notieren sie 5 Wörter aus **Rätsel 9**

Wörter	Antonym 1	Antonym 2

Notieren sie 5 Wörter aus **Rätsel 17**

Wörter	Antonym 1	Antonym 2

Notieren sie 5 Wörter aus **Rätsel 25**

Wörter	Antonym 1	Antonym 2

Herausförderung 3

Wunderbar, diese Monster Herausförderung 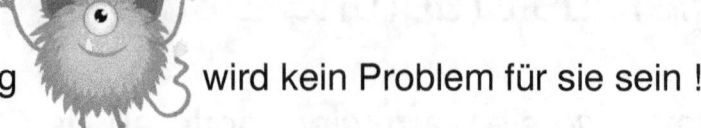 wird kein Problem für sie sein !

Bereit für die letzte Herausförderung? Wählen sie ihre 10 Lieblingswörter aus, die sie in einem Rätsel entdeckt haben und notieren sie sie unten.

1.	6.
2.	7.
3.	8.
4.	9.
5.	10.

Die Aufgabe besteht nun darin mit diesen Wörtern und in maximal sechs Sätzen einen Text herzustellen über eine Person, ein Tier oder ein Ort den sie lieben !

Tipp : sie können die letzten leeren Seiten dieses Buches als Entwurf verwenden

Ihr Schreiben :

NOTIZBUCH :

AUF BALDIGES WIEDERSEHEN !

Linguas Classics